金融硝烟

现代货币战争中的围城与突围

Financial smoke

郑德明◎编著

台海出版社

图书在版编目(CIP)数据

金融硝烟 / 郑德明编著. —北京:台海出版社,2016.5

ISBN 978-7-5168-0905-1

Ⅰ.①金… Ⅱ.①郑… Ⅲ.①世界经济-经济发展趋势

Ⅳ.①F113.4

中国版本图书馆 CIP 数据核字(2016)第 078914 号

金融硝烟

编　　著:郑德明

责任编辑:刘　峰

装帧设计:虞　佳　　　　　版式设计:通联图文

责任校对:唐思磊　　　　　责任印制:蔡　旭

出版发行:台海出版社

地　址:北京市朝阳区劲松南路 1 号　邮政编码：100021

电　话:010-64041652(发行,邮购)

传　真:010-84045799(总编室)

网　址:www.taimeng.org.cn/thcbs/default.htm

E-mail:thcbs@126.com

经　销:全国各地新华书店

印　刷:北京柯蓝博泰印务有限公司

本书如有破损、缺页、装订错误,请与本社联系调换

开　本:710mm×1000 mm　　　　1/16

字　数:186 千字　　　　　　印　张:15

版　次:2016 年 6 月第 1 版　　印　次:2016 年 6 月第 1 次印刷

书　号:ISBN 978-7-5168-0905-1

定　价:36.00 元

前言

Preface

1

金融秩序,或者说货币问题,是当今国际政治领域里最重要的问题之一。

当"蝴蝶效应"日益彰显其威力,国家债务也变得与每个人息息相关。从汇率暗战、长期通胀到债务危机,诸多因素盘根交错、催化演绎,左右着世界经济的走势,也晃动着你的钱袋。

中国的金融力量不断发展与壮大,全世界也都意识到,人民币迟早会像美元与欧元那样成为国际贸易结算货币与储备货币。不过,这个过程到底有多长,是5年、10年,还是20年,甚至50年?

这几年,美国的次贷危机、欧元区成员国的主权债务危机连绵不断,这些国家与地区所给出的危机解决办法是搞货币宽松,本质上就是印钞票。这可能会引发新的问题,这些新问题会不会威胁到中国这样的新兴经济体呢?

一个国家想要获得经济的发展本就很不容易,更别说金融与货币力量的壮大与崛起了。这一系列的货币危机将如何影响你我?世界经济将何去何从?中美货币之争中的危险和出路又在哪里?

……

这已不再是宏观经济问题,而是变成了与你我切实相关的一等现实问题,每一个人都无法对此视而不见。"万事预则立,不预则废",这是当前中国人应该铭记于心的一句话。

2

从美联储公开的压力测试,实际上也是美国金融战略的沙盘推演情景来看,如果内外条件允许,美国将在2019年前后,以超级强势美元启动一轮新的世界范围内的大萧条,以其他国家的资产价格大破灭,以及随之而来的美国资本的全球大扩张与大收购,来完成美国在次贷危机中的彻底转身。

而被美国看作是未来美元最大的对手的中国,则将是这场金融大对决中最重要的目标。当然,从美国为这次大对决所准备付出的代价来看,美国也认识到,中国这个对手非常强大。因此,即使对美国而言,这场大对决一样充满了不可预测性。

也许,一场史无前例的货币战争正在酝酿之中,并迫在眉睫,不管愿意不愿意,我们每个人都被世界资本推到了这场金融大对决的布局之中。我们的财富是否安全?我们的投资是否会缩水?我们的福利是否有保障或者逐渐增长?……这些都将取决于中国在这场"山雨欲来风满楼"的金融战中能否保全自己乃至获得胜利。看清楚这场传说中的"新货币战争"的未来走向,就可以最大限度地保全我们每个人的资产与财富。

3

本书是了解当今世界经济走势的一本绝佳入门书,适合高等院校财经类专业教学使用,也可作为金融机构与相关科研人员的参考资料。

作为资深民间经济学者,作者以深入浅出的语言勾勒出一幅世界经济走向的真实地图,有危险警示,也有应对策略,充分体现了实践性、现实性和理论性有机结合的特点。

目录

Contents

第一章

远古之战
——世界金融业发端

1.货币的演变

  用货币交换绝非自古而然,货币的出现和发展经历了一个漫长的过程,见证了人类成长的足迹,是人类文明和社会生产力发展的必然产物。

  在原始社会早期,人类的生存能力十分薄弱,为了生存,人们只能以氏族部落为单位,过着群居的生活,依靠集体的力量捕食和抵御自然灾害。那时生产力极度低下,劳动工具十分简陋,只能依靠集体劳动获得有限的生活资料,由氏族部落首领平均分配给全体成员,勉强维持生存。在这种生活资料极度匮乏的年代,人们没有可以交换的东西,当然也就没有对货币的需求。随着生产力的发展,人类生存能力的提高,人们在满足自身的生存需求之外,有了剩余产品,这就产生了交换的需要。比如,甲部落擅长捕猎,每天都有剩余的肉食,但缺少水果;而乙部落精于采摘,每天都有多余的水果。随着两个部落的剩余产品越来越多,两个部落自然会想到互通有无,用水果和肉食进行交换。这就是最原始的交易,最初是部落之间通过各自的氏族首领来进行交换,而且所交换的东西是公共财物。

随着社会生产力的进一步发展,人类历史上出现了第一次社会大分工,即农业和畜牧业的分离,劳动生产率有了明显的提高。随着私有财产的出现,个人之间的交换越来越占优势,逐步取代了公共物品的交换。交换的物品就是商品,随着参与交换的商品越来越多,为了方便交易,人们约定了固定的时间和地点来交换,这就产生了集市。《易经·系辞下》中记载:"日中为市,致天下之民,聚天下之货,交易而退,各得其所。"它生动地描述了当时人们交换的场景。传说炎帝神农教人们种田和养殖后,人们的生活逐渐得到了改善,出现了剩余产品和社会分工,有的种五谷,有的狩猎,有的捕鱼,有的制陶,等等。有一天,炎帝问大家还有什么不顺心的事,有位长者说,现在生活好多了,就是有些单调,有肉没鱼,有饭缺菜,要是能互相交换些东西就好了。于是,炎帝让大家把多余的东西拿出来交易,时间定在每天太阳当顶时,由此形成集市。不用自己生产某种东西,而是通过交换各取所需,生活从此变得丰富多彩,这就是市场交易这个伟大发明的神奇力量。

物物交换虽然极大地丰富了人们的生活,但困难也很多,越来越难以满足人们的生活需要。

首先,物物交换中价值计算过于复杂。交易中,一种商品可以和多种商品交换,比如,一只羊可以换40斤米或5张兽皮、6把斧头、1枚美丽的贝壳,也可以换半块拳头大小的铁;而一张兽皮又和1/5只羊、8斤米或一把半斧头等价。商品价值的计算和比较,在物与物的直接交换中非常不方便。

其次,物物交换还带来了流通的不便,有时甚至会导致交易的失败。倘若以羊换斧头,以斧头换羊,双方按等价成交,那自然很方便。但这种情况并不经常碰得到,更多的是按各自的需要进行交换。比如说,有人想用羊去换麻布,但有布的人不想要羊而想要粮食,粮食所有者也不需要羊,他需要的是茶叶,在这种情况下,有羊的人想要得到自己所需要的布,就必须把羊换成茶叶,再用茶叶换成粮食,然后再用粮食去换布。这样几经周折,才能达到预期交换的目的。假如,这时有茶叶的人也不需要羊,那有羊的人还要经过更长、更多的交换程序才能达到目的。有时候,人们往往费了很多的周折,仍然无法换到自己想要的东西。可见,商品交换越发展,物物交换的困难就越多。

物物交换尽管非常不方便,却经历了比使用货币更悠久的历史。后来,人们从无数次的交换经验中认识到,先把自己手中的商品换成一种比较容易被别人接受的商品,比如羊或贝壳,再拿羊或贝壳去换自己所需要的商品,交换就比较容易成功。这就解决了物与物直接交换的矛盾。通过不断筛选,人们逐渐从许多商品中选出一种交换频繁并得到公众普遍接受的商品,所有的商品都用这一种商品来表现自己的价值,这种商品就是一般等价物。由于一般等价物能够直接同其他一切商品交换,原来的物物交换就变成了由一般等价物做媒介的商品交换。

我国历史上曾经有很多商品充当过一般等价物,如贝、玉、刀、铲、纺轮、弓、箭、皮、帛、牛、马等,都曾在不同的民族和地区使用过。但到后来,有的由于计数不方便,有的因为在流通过程中容易损坏,有的则因笨重不便携带,终于被逐渐淘汰,只有贝依旧被使用着。

贝之所以最早被选择为货币,绝不是偶然。首先,贝壳具有美丽的形态、斑斓的花纹和滋润的光泽,是大家都喜爱的装饰物,一度又是美好的象征,被看作是避邪品或吉利的护身符。其次,它可以一只一只计数,加减方便;坚固耐用,不易损坏;轻巧灵便,携带不觉累赘。

根据历史的记载,在距今3000多年前的商代,贝已经被当作货币使用了。人们储藏它,借贷它,拿它做买卖,还把它作为贵重的贡献物或赏赐品。从出土的青铜器上的铭文看,当时帝王赏赐给臣子的物品中,最常见的就是贝。我们所熟知的汉字中,凡是同财富有关的字,几乎都带贝,如财、贫、贪、货、贵、贱、赏、赐、贡、贺……

这种固定地充当一般等价物的特殊商品称作货币。货币产生后,整个商品世界分成两极:一极是货币,另一极是各种各样的商品,货币成了价值的代表,能够直接同其他一切商品交换,从此,货币进入了人们的生活。

货币主要有两大基本职能,价值尺度和流通手段。所谓价值尺度,就是指货币充当衡量商品所包含价值量大小的社会尺度。我们通过一件衣服的标价,可以知道该件衣服的价值,同样,我们也可以通过家用电器的报价了解到它的价值,我们还可以知道衣服和家用电器的价值差异。这就是价值尺度,货币能将看不见的价值直观地表现出来。所谓流通手段,就是指货币作为商品交换的媒介,即购买手段的职能。通俗地说,就是一手交钱、一手交货。只要有货币,就能买到别人出售的任何东西。

从货币的两大基本职能出发,我们可以这样理解:货币的形态并不是一成不变的,在历史上各个不同的时期,货币可能有不同的形式,即使是在同一时期,由于情况的不同,货币也可能表现为不同的形式。唯一不变的是货币的功能,人们只是根据自己的喜好选择不同的东西并赋予其货币的功能。它可以是实物,可以是金银,也可以是纸张塑料,甚至可以是一串数字或符号。有了这样一个观念,我们便可以更好地理解货币的演变过程。

2.第一次"大规模地动粗"

　　货币金融活动最早从西亚的古巴比伦开始,后来传到古希腊;也有人认为是从寺院从事货币保管与借贷开始,或是从民间商人支起摊桌兑换钱币开始。直到政府直接经营与管理借贷活动,形成早期货币存贷和兑换等金融业务,此为世界金融业之发端。

　　人类为了钱而第一次"大规模地动粗",是在公元前14世纪末至公元前13世纪中叶。古代埃及与赫梯为争夺叙利亚地区的控制权展开了延续数十年的战争。这场战争中的关键性战役——卡迭石之战是古代军事史上有文字记载的最早的会战之一,战后缔结的和约是历史上保留至今最早的有文字记载的国际军事条约文书。

　　早在公元前第3000纪,埃及就多次发动过对叙利亚地区的征服战争,力图建立和巩固在叙利亚地区的霸权。但埃及建立霸权的努力遇到了埃及强邻赫梯的有力挑战。约公元前14世纪,当埃及忙于宗教改革无暇他顾时,赫梯迅速崛起,在其雄才大略的国王苏皮卢利乌马斯的率领下,积极向叙利亚推进,逐步控制了南至大马士革的整个叙利亚地区,沉重打击了埃及在这一地区的既得利益。约公元前1290年,埃及第19王朝法老拉美西斯二世即位,决心重整旗鼓,与赫梯一争高低,恢复埃及在叙利亚地区的统治地位。为此,拉美西斯厉兵秣马,扩军备战,组建了普塔赫军团,连同原有的阿蒙军团、赖军团和塞特军团,加上努比亚人、沙尔丹人等组成的雇佣军,共拥有4个军团,2万余人的兵力。公元前1286年,埃及首先出兵占领了南叙利亚的别里特(今贝鲁特)和比布鲁斯。次年4月末,拉美西斯二世御驾亲征,率4个军团从三角洲东部的嘉鲁要塞出发,沿里达尼河谷和奥伦特河谷挥师北上,经过近一个月的行军,进至卡迭石地区,于卡迭石以南约15英里处的高地宿营。位于奥伦特河上游西岸的卡迭石,河水湍急,峭壁耸立,地势险要,是联结南北叙利亚的咽喉要道,也是赫梯军队的军事重镇和战略要地。埃及军队试图首先攻克卡迭石,控制北进的咽喉,然后再向北推进,恢复对整个叙利亚的统治。经过若干回合的较量,双方胜负难分。

此后的16年中,战争延绵不断,但规模都不大。拉美西斯二世吸取了卡迭石之战轻敌冒进的教训,改取稳进战略,一度回到奥伦特河,而赫梯则采取了力避会战的策略。在这期间,双方都没有取得什么决定性的胜利,反而被战争消耗了大量元气。

约于公元前1269年,由继承自己兄长穆瓦塔尔王位的赫梯国王哈吐什尔(约公元前1275—前1250年在位)提议,经拉美西斯二世同意,双方缔结和平条约。哈吐什尔把写在银板上的和议草案寄送埃及,拉美西斯二世以此为基础拟定了自己的草案,寄给赫梯国王。条约全文以象形文字铭刻在埃及卡纳克和拉美西乌姆(底比斯)寺庙的墙壁上。

条约规定:赫梯国向埃及用黄金支付战争赔款,双方实现永久和平,"永远不再发生敌对",双方实行军事互助,共同防御任何入侵之敌,双方承诺不得接纳对方的逃亡者,并有引渡逃亡者的义务。条约签订后,赫梯王将长女嫁给拉美西斯二世为妻,通过政治联姻,进一步巩固双方的同盟关系。

后来,从爱琴海的小亚细亚一带席卷而来的"海上民族"的迁徙浪潮与利比亚部落的入侵相呼应,日益动摇法老的统治,曾经一度强盛的新王国逐步陷入瓦解之中。赫梯虽然占有叙利亚大部,一度雄视西亚,但与埃及战争后,本来就不甚稳固的经济基础进一步动摇,不久即开始衰落。

到公元前13世纪末，"海上民族"从博斯普鲁斯海峡侵入赫梯，小亚细亚和叙利亚各臣属国家纷起反抗，赫梯国家迅即崩溃，至公元前8世纪，完全为亚述所灭。而在此之前的1000年里，以黄金作为交换媒介的现象在幼发拉底河和底格里斯河之间的两河流域已经很普遍了。

3.古希腊:货币及金融业雏形

早在20世纪20年代，英国著名史学家威廉斯就如此评价古希腊人在货币与金融方面的成就:"他们是以货币经济代替自然经济的第一个民族,国家所有的企事业都使用金属货币,用通货交赋税代替劳役,用货币工资作为劳动报酬,用货币交地租代替用物品。希腊人首先发明靠资本兴办大规模的农业、工业和殖民开垦,银行和保险机关已开始出现。"

那么，货币与金融业是怎样在希腊这片并不富饶的土地上诞生,并以什么样的方式发挥其作用的呢?

荷马曾在其史诗《伊利亚特》中描绘过希腊人在港口与来自兰诺斯岛的酒贩进行交换的场景:"有的用黄铜,有的用发光的铁,有的用兽皮、牲畜或奴隶。"而在同一史诗的另一场景里,他更详细地记下了英雄阿喀琉斯颁发给竞技会上角逐者的奖品:胜者获一尊价值12头牛的大鼎,败者则得到一名价值4头牛的女奴隶。从以上文字,我们至少可以了解到两个事实:其一,荷马时代(公元前11—前9世纪)贸易已成为较普遍的现象;其二,当时还处在以物易物的阶段,货币尚未产生。

金 融 硝 烟
Financial smoke

在稍后即约公元前8世纪上半期,我们又在赫西俄德的《工作与时日》中读到了这样一些句子:"……你就这么等着,等到航海季节到来时,再把船拉到海边,装上货物出海,这样你可以用它获利。""钱财是穷人的生命,但是死在波涛里是可怕的。"这再一次证明了远古希腊人商业及金融的存在,但当时真正意义上的钱币并未产生,人们仍然用牲口,尤其是牛作为货币单位。此外,贵重物品如青铜、铁片、斧头和三脚鼎等亦被用作等价物。物物交换方式的缺陷是致命的:第一,买方可能没有卖方在交换中想要的东西;第二,需要大量的时间讨价还价以决定不同物品的相对价值。为了克服这一缺陷,货币便应运而生。

促使货币产生及初期金融活动开展的,无疑是发生在公元前8至前6世纪的大殖民活动。由该活动引起的商业贸易的蓬勃开展,导致了公元前7世纪货币的产生。

希罗多德说,吕底亚人"是最初铸造和使用金属货币的人,他们又是最初经营零售商业的人"。这个小亚细亚的古国不仅与古克里特岛的希腊居民渊源深厚,而且曾迫使当地大多数爱奥尼亚人城市隶属于它。

此外,人们还发现了希腊早期的铸币实物——一枚据说是由厄基那岛上亚哥斯王费当在位时(公元前7世纪初)发行的银币,重约12.5克,正面铸有龟形。但对厄基那岛与阿哥斯城间的位置偏差,埃夫伯里提出了质疑。所以,要么该钱币铸于南希腊的阿哥斯城费当王统治时,但流通到了厄基那岛;要么厄基那岛当时正处于阿哥斯城费当王的势力范围,在此铸币便有了可能。但无论如何,在该世纪稍后一段时间里,诸如科林斯、雅典这样工商业领先的城邦已能自行铸币。而到公元前6世纪时,连大希腊(西西里、意大利南部殖民地、北希腊及里海沿岸)的殖民城邦也多能定期发行自己的货币了。当时,货币的质地多种多样,有金、琥珀金(金银合金)、镀金(铅面镀金)、银、青铜、铁、锡等。铁币在斯巴达和居叙可使用过,而锡币则主要是西那库斯(西西里岛东南)城邦在暴君戴奥尼夏统治时所用货币。铸币权显然属于国家，此点我们仅从英语"钱币（numismatics）"一词中便可找到答案，其拉丁文nummus即希腊语的vouos，该词的另一含义便是"法律"。

铸币技术在希腊经历了一个逐步发展的过程。最初货币的形状是不稳定的，例如雅典，其最早使用的银质等价物形如烤肉用的叉子或签子，称"奥波尔"，意即"一把""一撮"，之后才成了货币单位。而吕底亚最早的铸币则是椭圆形的。继后，货币才过渡到较规整的圆形。钱币制作工序在不断改进，先前制作的货币正面多为凹状图案，背面则是空白。直到公元前6世纪中期以后，希腊人才学会了铸造双面图案。有专家认为，两面凸形图案的制作者首先是雅典人。

有了货币，铸币制度便应运而生了。最初，希腊人大概是在交易时按照货币的质量、体积和重量来估计其价值；后来，为省去这些琐事，人们开始在币面打上某种印记，带有国家政权与法律的权威的币制由此产生。

城邦时代的希腊，诸邦林立，战乱频繁，诸邦各自为阵地经营着市场，而该混乱局面无疑造成了希腊币制的复杂化。在希腊，被认为最早流行的币制是"厄基那制"，它被伯罗奔尼撒和中希腊大部分城市采用，其基本货币单位是"斯塔特尔"，重约12克；此外，其"德拉克玛"重约6.3克，"奥波尔"重约1克。继后，随着雅典国家的兴盛，其实行的"优卑亚—阿提卡制"则在中希腊的阿提卡、北希腊、里海及黑海沿岸、西西里等地流行开来，其基本单位是"德拉克玛"，重约4.4克，其"奥波尔"重约0.73克。

此外，还有诸如"明那"（约合厄基那制630克、优卑亚制431克）与"塔兰特"（约合厄基那制37.80公斤、优卑亚制25.86公斤）等货币重量单位。而在当时，较大的城邦在自己的势力范围内一般都实行自己的币制，它们有：阿布德拉制、开俄斯制、科林斯制、罗德斯制等。在诸币制中，优卑亚—阿提卡制给我们留下了稍多一点的资料:该币制的最小单位是"哈尔卡斯"(铜质),它等于1/8~1/12个"奥波尔"(银质);"奥波尔"的面值有2、3、4个不等,每6个奥波尔等于1个"德拉克玛"(银质),其面值有1/2、1、2、4德拉克玛等,最大的为10德拉克玛,是为纪念公元前480年雅典在马拉松战役获胜而发行的。

古希腊各国货币以白银为质地的占多数,但其各自的市场价值因含银量的参差不齐而相异。例如,小亚细亚的福亚西城邦与岛国莱兹波斯所发行的货币,便因质量的粗劣而声名狼藉;波斯人亦曾在希腊货币上切口以验其含银量;雅典的货币则以其98.5%的高纯度赢得了各城邦的信任,并被广泛流通。来到雅典的外商,在卖出自己的货物之后,即使不载回新货,也会买回雅典的货币——这种最纯粹的商品离港,因为他们认为,无论在什么地方卖出它们都能得到更好的价钱。雅典的优质白银产自阿提卡半岛上的劳里昂银矿,该银矿为国有,其产银的用途由公民大会决定,通常被用作雅典财政或分给公民,但在特殊情况下也可作他用。公元前482年,雅典将军特来斯托克利就曾说服公民大会同意将当年生产的100塔兰特银用来建造战舰。公元前413年,斯巴达人进攻阿提卡,矿里奴隶大批逃亡,生产陷于瘫痪,致使雅典出现财政危机,并被迫动用奉献给神祇的金块铸金币和铜币,该状况持续了相当长的一段时间。

从古希腊人对货币、金融的见解,从他们的言论中,我们不难发现其整体认识是比较客观的。

首先,颇有经济头脑的色诺芬在他的著作《经济论》与《雅典的收入》中,便指出了货币所具有的两种基本职能,即"流通"与"贮藏"功能,他"认为货币与其他商品不同,可以随时用来购买商品,所以人们不会嫌其多,多了可以贮藏起来;又说人们贮藏货币不亚于喜欢货币"。柏拉图在谈起货币时,则只强调它的流通功能,因为在他看来,货币只有在流通中才能给大家带来方便,才能促使市场繁荣。因此,"他反对把货币作为贮藏手段,因为这会导致财富的积累",并且谴责放债取息的做法,认为那是不道德的。亚里士多德在反对放债取息方面与柏拉图持同一态度,他指出以货币繁殖货币是违反自然的行为,认为高利贷及大商业是最不自然的商业活动。在他的言论里,涉及了对"高利贷资本"和"商业资本"的初步认识。

亚里士多德对货币起源的认识和阐述十分深刻而精彩。他说货币起源于交换的发达,最初的交换是以物易物,继后当商业的发展使物物交换变得困难时,就"有必要想出某些既容易管理,又能安全运输,并且使用范围广泛和使用场合甚多的商品,有了这些商品,便能保证人们在交换中总能得到想要的东西。金属,特别是铁和银及其他几种金属物,恰好符合这些要求。因此,通过一致协议,它们被用作一般的价值标准和交换的共同计量单位。起初按它们本身的体积和重量来估量其价值,后来为了减省量大小与称重量的麻烦,就刻上了印记"。经济学家基本接受了该观点。

对货币持否定态度的也不乏其人,从他们激烈的言辞中,我们不但能感受到货币经济对当时社会的猛烈冲击,亦能感受到高利贷及投机商们对民众生活的败坏。生活于公元前6—前5世纪的宫廷诗人阿拉克瑞翁,用贵族社会的目光审视钱财,斥责它破坏了和谐的生活。在诗中,他这样谴责白银:"为了它,便没有兄弟;为了它,亲人不和睦;为了它,杀伐、战争;而且,最可怕的是——我们,彼此相爱的人,也往往为了它而相杀。"著名悲剧家索福克勒斯也同样以激烈的措辞谴责过货币带来的恶果:"人间再没有像金钱这样坏的东西到处流通,这东西可以使城邦毁灭,使人被赶出家乡,把善良的人教坏,使他们走上邪路做出可耻的事,甚至教人为非作歹,犯下种种罪行。"

古希腊人造币业对邻近各民族产生过深刻影响。早在公元前6世纪,波斯国家、色雷斯南部等部落便仿效希腊人,造出了自己的金币和银币;之后,迦太基、腓尼基、马其顿、意大利、犹太等地也竞相效仿。同时,希腊人的货币与金融业又伴随其商业贸易和亚历山大的东侵向地中海周边地区广为传播,其影响之大可想而知。

古希腊的货币经济伴随着罗马人国家的兴起与扩张而走向衰落。

首先是罗马人对意大利的希腊殖民城邦的打击,而后是一个个希腊本土城邦的被吞并,到公元前146年,整个希腊都被吞并了。起初,征服者还允许雅典和少数其他城市继续使用自己的铸币,但到公元前30年罗马帝国正式形成后,希腊人一度辉煌的铸币伟业便成了历史。

值得庆幸的是,希腊人的一切重要成就几乎都被罗马人所接受,在他们的货币上,我们毫不费力地发现了统治者的形象,这恰是希腊化时代的特点;而货币的另一面则是对古希腊纹饰的直接复制,其中由菲迪亚斯所刻的宙斯像就常在罗马币上出现。另外,在“早期的拉丁语著作中,大多数关于银行业和金融业的词汇都来源于希腊语”,由此亦可见罗马金融业对前者的继承。

4.货币改革:条条大路通“罗马”

罗马在长期的掠夺战争中获得了大量奴隶,横行于地中海各地的海盗也经常把掳掠而来的人口出卖于罗马,大大促进了罗马工业的发展。罗马为方便商品流通和战争,开辟了许多对外通路。有句谚语叫“条条道路通罗马”,就表明了这个时期罗马的情况。

第一章
远古之战——世界金融业发端

货币改革的故事起源于古罗马。早在公元前20年，放贷者与执政者之间就已经矛盾重重了。早期的两位罗马帝王曾经想通过改革高利贷法案和限制领地在500亩以内来削弱放贷者的权力。结果，这两位帝王都遭到了刺杀。公元前48年，朱丽叶斯·凯撒从放贷者那里收回了硬币的铸造权，以此为公众服务。

在这些新型的、充裕的货币供给机制下，凯撒建立了庞大的的公共工程。通过发行大量货币，凯撒获得了普通民众的爱戴。但是，放贷者们痛恨凯撒，一些人认为，这是凯撒遇袭身亡的一个重要原因。

有一件事情是确凿无疑的，那就是在凯撒死后，大量货币流失，腐败滋生，税收增加。最终，罗马的货币供给减少了90%，普通民众因此失去了他们的土地和房屋。随着大量货币的消失和财富的减少，民众逐渐对政府失去信心，罗马从此进入了一段灰暗的时期。

银制货币是古罗马时期的主要流通货币，罗马君主常常通过控制银币中银的含量来暂时解决由于他们大肆挥霍而造成的经济问题。纯粹的金钱交易在罗马帝国也极其兴盛。古罗马最早的法典《十二条法》当时规定最高利率为10%，对于放高利贷行为要处以相当数目的罚金。但事实上，人们并没有把这条规定当一回事，货币交易者迅速成为富有的银行家。当时，这种交易并不高明，一些古代作家对这一职业阶层的蔑视就证明了这一点。塞涅卡曾写道："资本、账本和利息，除了是人后天贪欲的代名词，还能是什么？"塞涅卡很清楚他所写的"沾满鲜血的利息"意味着什么，因为他在萨丁尼就曾卑鄙地放过高利贷。

当时的银行业务已经达到了惊人的现代程度，人们甚至可以汇款到国外去。西塞罗为了资助他儿子上学，曾给精通金融业务的朋友阿提库斯写信："我想问问，我能不能汇款到雅典去，还是他必须将钱带过去？"阿提库斯让他放心，说汇款就可以了。在凯撒时期，大宗交易经常带来数百万银币的资金流动。凯撒的对手，一度也是盟友的庞培在克鲁维斯银行的账户也极其活跃。显然,他经常利用这些金融往来和亚洲的一些国王进行罪恶的高利贷生意。

那时,同他们的顾客相比,银行家更经得起政治风浪,因为有些业务最终必须依赖银行家来办理。来自西班牙最具影响力的银行家科内利乌斯·巴尔布斯甚至被凯撒任命为财政大臣。当时的情势对银行家们是很有利的,因为常胜的古罗马军团在整个地中海地区有大量的战利品需要运回罗马,还需要有人管理。比如,有一统帅在赫拉克莱拉没收了大量黄金,回乡途中就有几艘船因为战利品过重而沉没。

凯撒也肆无忌惮地投机——向他的政治功绩下注。比如,他在做罗马贵族时曾自己掏出数百万用于组织大规模的豪华追猎和角斗活动以取得大众的支持——后来事实证明,这是有成效的。可是,这样的自我推销也是需要付出代价的。凯撒的负债额曾一度超过1亿银币。有一次,他甚至需要朋友克拉苏的担保,否则就会被债主送到西班牙的国家机构去。在凯撒为自己设定的宏伟目标中,金钱能使他不断找到愿意为他的政治前途投注的新债主。同时,他也以此与很多人结盟,因为所有的债主都很明白,只有凯撒的胜利才会使他们获益,出借的钱才有可能收回。高卢战役使凯撒的金融状况获得了彻底的转机。同当时的每一次胜利一样,这次战争给这位统帅带来的不仅仅是荣誉,还有大笔金钱。金钱对于凯撒来讲已经不再是问题,因为通过8年的征战,他已经成为罗马最富有的人。然而,这笔财富在另一方面也让高卢的所有民族沦为奴隶。

凯撒回到帝国首都以后,开始着手让高利贷者停止他们的罪恶行径。他向所有需要资金的人提供低利息甚至是无息的贷款,可以想象,他这样的行为是非常不受富人欢迎的。经过8个星期的内战,他打败庞培成为罗马的最高统治者,同时也占有了巨大的国库——他的敌人在仓皇逃跑时是来不及带走的。此后,通过几次闪电远征,凯撒打败了所有的对手,将势力扩展至整个地中海。凯撒是十分慷慨大方的:所有忠诚的士兵都获得了一笔特别津贴,罗马的每一个公民都得到了奖金。整个罗马都知道,罗马帝国过去最大的负债者的政治投机是如此的光辉夺目! 公元前44年3月的望日(3月15日),凯撒遇刺,在其遗嘱中,他还要赠与每一个罗马公民300银币,这相当于普通罗马公民一个季度的工资。

凯撒之后的罗马统治者将宫殿装修得越来越豪华,战争的花费越来越多,宫廷生活越来越糜烂,腐败贿赂也越来越肆无忌惮。简单地说,人们开始体会到,花钱要比挣钱容易得多;人们也感觉到,腰包越来越瘪。声誉对于减小生活的变迁是毫无益处的,所以,这些国王开始不择手段地搜刮其臣民的钱财。

5.最早的金融商和私人银行

促使公元前5世纪末期及其以后金融活动蓬勃开展的主要社会原因是爆发于当时的伯罗奔尼撒战争。这场两败俱伤的战争给希腊的城邦制度带来了毁灭性的打击,它对小农经济的破坏更是显而易见,但其对金融活动的刺激则是巨大的,它不但促使货币兑换业与高利贷业务迅速发展,更造就了一批财大气粗的金融家。

钱币兑换业早在希腊世界商务往来日趋频繁的时代便已开始了。这是当时钱币制度纷繁、货币符号杂乱,以及货币市价不断波动所带来的产物。钱币兑换商们深谙各国货币的成色、图案和价值,并通过兑换中的价格差、时间差以及地区差和兑换手续费赢利。由于他们在柜台从事业务,因而又被称作金融商。"希腊金融商的活动,在公元前5世纪末,尤其是在公元前4世纪,曾盛极一时,侵蚀了希腊世界所有城市的居民的广大阶层"。此时,以兑换和储蓄金钱为主的业务已发展到金融汇兑和彼此转账,而这一创举又确实方便了南来北往的客商。当时的伊索克拉底在"论金融商"的演讲中就曾指出:必须通过金融商之手来汇兑,才免得金钱受到海上盗劫的危险。此外,金融商在当时的业务还包括对外借贷和充任较大型交易的中间人、为合同做见证人等若干方面。

最早的私人银行便是由金融商开设的。公元前5世纪早期,金融商们便在自己的店中接受钱币置存。他们一方面付给存款者低息,另一方面又将这些存款借给各种商人,利息依据风险而定,为12%~30%。到公元前5世纪末,信贷业已在希腊各商业城邦中获得巨大发展,富有的金融商(通常是外侨和被释奴)变成了真正的银行家,"他们接收存款,并为自己的雇主开立活期存款账户,给商人、船主或作坊主发放贷款,有时甚至给自己的城市放款,按照自己雇主的要求支付各种款项,通过自己的代表和代理人把钱汇到其他城市等"。

银行的种种业务都是用契约抵押不动产或贵重物品,或由第三者作保等加以保证的。其中常见的有土地信贷(以土地为抵押)、城市信贷(以城市房屋为抵押)和海洋信贷(以船舶及其所载货物为抵押)等方式。土地买卖在战前的许多城邦里都是立法禁止的,但在公元前5世纪末—前4世纪却变得流行起来,土地典押、买卖文献不断被发现,而由此带来的债务问题则困扰着公元前4世纪的希腊各阶层。那些来自外邦的银行家常常因为对城邦有卓著的贡献(如捐献钱财、造船、建神庙等)而获得"购置地宅权"或公民权,这就使他们所获得的不动产具有实质性意义。而作为动产抵押的贵重物品(珍贵物品、金银高脚杯等)和海洋信贷的抵押品,相对而言,处置方式就简单多了。没有公民权的富人们广泛地参与进来,同时,只要船只能够安全返航,船主的收益也是相当可观的。该时期,自由民中的非公民在城邦经济和社会生活中的作用加强，尤其明显地表现在货币借贷关系上。

此外，在希腊从事金融业的还有神庙，由于它们神圣不可侵犯的特殊地位，使不少个人乃至国家存款于此。同时，神庙还时常接受国家和个人的捐赠或上贡。这样，神庙便得以利用庙里的大笔款项向商人、集团乃至整个城邦发放贷款，并收取贷款利息。据载，"由神庙经营的大规模金融业务，贷款利率通常为12%~18%。"神庙的金融活动是不容忽视的，因为"在古希腊的整个历史中，希腊的庙宇，尤其是提洛岛的阿波罗大庙，在希腊许多的银行家、企业家、高利贷者中间占居首要地位"。在公元前4世纪中叶的一块碑石上刻着，庙宇不但贷款给私人，也给整个城市、整个国家。

在公元前5世纪—前4世纪的政治、经济背景下，除了产生不少投机商人外，还造就了一批专业从事金融业务的银行家。他们中有的是城邦的公民，但更多的是来自外邦的自由民，而在后者中，帕西翁被认为是全希腊最著名的银行家。

帕西翁是以放高利贷起家的外邦人，他死时（公元前370年）财产近40塔兰特（其中地产约值20塔兰特）。在当时，他一个人的年收入已高达1000德拉克玛以上。这个居于雅典的银行家掌握着好几家汇兑银行，他灵活地支配客户在其银行中的存款，并将其中一部分作为贷款借出，而另一部分则用来投资商业。他还因为被认为有功于雅典而获得了该城邦公民的资格。为此，他送给国家1000个盾牌，并自己出资装备5艘三层桨战船。

据载，第一笔数额巨大的、世俗的而非神庙的银行业务，是希波战争后在雅典将军特米斯托克利与科林斯的银行家菲洛特菲努斯之间进行的，这位将军一下子存进了70塔兰特货币。属于这个时代较有名气的银行家还有安替斯提尼、阿撒斯特拉图等人。

6.文艺复兴时期的"托拉斯"

　　到了文艺复兴时期,人们对金钱的渴望越来越强烈。很长一段时间内,赋税和捐税都不能满足欧洲王室对奢华和排场毫无节制的追求。而相互发动战争也给王室带来了巨大消耗,甚至超过了战争赔款和战胜方分得的战利品的价值。随着陆军不断壮大,所需费用也日益增加,而通过发动战争从战败方获取的经济利益却越来越少。财政需求和经济实力间的落差激起了人们对金钱的欲望,这首先促成了金融家的发达,其中最著名的金融家族有富格尔家族、魏责尔家族等,他们不但从事国际金融贸易,还同国王和教皇做生意,比如买卖职位,出售"赎罪券"——交纳一定的钱财后,教徒可以摆脱炼狱的折磨。

富格尔家族

　　富格尔家族是欧洲16世纪最大的商人家族。家族事业的奠基人汉斯·富格尔是德国奥格斯堡乡村的一位纺织工。经过两三代人的努力,到雅各布·富格尔时期(1459—1525),家族事业达到了顶峰,堪称哈布斯堡王朝的财阀,开创了一个商业史上的富格尔时代。有些研究欧洲16世纪历史的学者,甚至把16世纪称作"富格尔时代"。

　　富格尔家族并非新兴金钱贵族的第一个王朝。15世纪,佛罗伦萨的美第奇家族就有放债人、生产商、投资人、进口商、出口商,他们将一个商业帝国轰轰烈烈地维持了150年。然而,美第奇家族花了三代人的时间才拥有了意大利最举足轻重的银行,花了五代人的时间才使影响力到达欧洲的其他地方,富格尔家族却很快就具有了国际影响力。汉斯·富格尔死后,他的儿子雅各布(年轻雅各布的父亲)接手蒸蒸日上的企业,不断扩展业务,直到1469年去世,当时,小雅各布只有10岁。雅各布的母亲接管企业,直到下一代得到足够的培训。

富格尔在奥格斯堡出生长大,这个地方像当时德国其他城镇一样,拥有狭窄、不规则的街道,嘈杂的噪声,露天的阴沟,木制的房屋。许多住宅中都为牲畜留出房间,一些富有的商人将畜舍盖在城墙之内。然而,到了富格尔的时代,富人已能够在窗户上装玻璃,不再用原来的油纸,而且还能买到铺在床上的羽毛、银制高脚酒杯、枝形吊灯、镜子等。

雅各布是父母的第三个儿子,正在他学习准备成为神职人员时,母亲突然决定让他加入到家族企业中。14岁时,他被送到家族在威尼斯的一家分公司学习金融、财务和所谓的商用数学。5年后,雅各布成为一家名叫乌尔里克·富格尔兄弟公司的合伙人。雅各布·富格尔对自己进行了系统培训:他学习商业的每个环节、记账时的每一步骤、生产、销售、财务。他所接受的经济理性主义教育使他能够检查富格尔家族企业帝国遍布各地的所有分支的账目,摸清整个网络的状况。富格尔相信,账目应该像用镜子照面孔那样清晰直接地反映企业的情况,"足够近似"是不能被接受的。

对处于胚胎期的资本家来说,15世纪的奥格斯堡是个很好的孵化器。欧洲的贸易中心正在从意大利向北转移,而拥有约2.5万人的奥格斯堡正成为新的佛罗伦萨。除了纺织业和贸易发达,奥格斯堡还靠近蒂罗尔,那里在15世纪、16世纪是最重要的铜矿和银矿区。而且,奥格斯堡的人们对商业和经济政策持一种先进的看法。一位历史学家指出:"生产能够大步前进的秘密,在于为有抱负的个人解除政治、社会、道德的种种限制,使他们能够自发性地努力积累财富。在世界历史上,欧洲的企业家最早能够自由做生意,而不必担心是否某个'掠夺性的内政部门'会将他们卡死。"奥格斯堡因财富而声名远播,需要贷款的人们会来这里找银行家,这些银行家之中,最著名的就是雅各布·富格尔。

在雅各布和他两个哥哥的领导下,富格尔家族的公司经营大量商品,其中最重要的商品是麻纱布——一种混合了棉花和亚麻的布料。虽然纺织业起源于一系列家庭作坊,但它正越来越多地被富格尔家族之类的企业家所控制——劳动分工使生产者成为中间人。富格尔家族的公司从地中海各港口收集棉花原料,用骡子将原料经蒂罗尔送到奥格斯堡,再发放到各织布作坊。然后,富格尔家族再从各织布作坊那里收购成品,将其分销到欧洲各地。渐渐地,富格尔家族开始进口金属、调味品、丝绸、锦缎、药草、药物、工艺品、稀有食品、珠宝。他们在胡椒市场上也做了几十年的主要竞争者。到大约1525年时,有18个分支的富格尔家族公司成为当时世界上一支最强有力的金融力量。

虽然奥格斯堡当时被称为"百万富翁之城",但在1471年时,这座城市中65%的人根本就没有财产。贫富悬殊的现象当时在整个欧洲都非常普遍,而且是古罗马帝国之后最严重的一段时期。15世纪时,一位意大利富商为女儿准备的结婚礼服的价钱,相当于一位泥瓦匠140天的工资,这套服装包括一个由200根孔雀尾羽组成的花环、数粒珍珠、多个金块和金叶子。而且,新兴的富人阶层与穷人的接触变得更少了,不再像原来共处一个封建庄园。

"赎罪券"的销售商

作为国王和领主的投资人,富格尔需要巨大的现金流。他为此在18个欧洲商业城市设立了分支机构,以每年8%左右的利息向民间吸款。但其商业帝国更有力的资源是主教们的巨大财富,以及他们希望秘密投资生利的渴望。

教皇尤利乌斯二世就曾在富格尔的银行中存入10万金币。而据一份未署名的中世纪档案记载,一位红衣主教去世时袖子里放有一张富格尔银行30万金币的存契,尤里乌斯二世派人询问富格尔在罗马的负责人,多久能兑现这笔存款,他得到的答案居然是一个小时。教皇不敢相信自己的耳朵,在欧洲,即使是英国、法国的国王,也不可能在这么短的时间里凑足3吨黄金。

这则传说除了说明富格尔惊人的财力以外,还证实了教会是缔造其现金流神话的重要合伙人。

正因为这种秘密的、彼此信任的合伙关系,富格尔家族充当了教廷秘密出售教职的掮客。梵蒂冈教廷长期将德国境内的高级教职贩卖给出价最高的人,富格尔财团在梵蒂冈教廷有专职代表人员办理这种棘手的、秘密的大宗买卖,上帝与财富的交易就是通过他们的穿针引线往来于侯爵与主教之间。

同时,对于那些有兴趣在教皇那里购买一官半职的人,富格尔又充当他们的贷款人。这种肮脏的、唯利是图的买卖,由始至终都使虔诚的信徒对富格尔怀有敌意。而他所参与的另一件宗教商业活动,彻底使他成为纯朴教徒的公敌。德国宗教战争的导火索,是教皇按照保险公司的形式向每个信徒兜售灵魂险——赎罪券,缴纳一定费用后,信徒就可以摆脱炼狱的折磨。而整件事情的起因是教皇急需一笔巨款整修圣彼得大教堂,美因茨的大主教由于购买教会职位耗空了教产,所以不得不向教皇提出建设性意见使自己不露马脚,同时,他还必须兼顾贷款给自己填补亏空的富格尔家族的利益。最终,他想到了一个两全齐美的办法——怂恿教皇打开灵魂保险事业的大门。

富格尔顺理成章地成为德国地区赎罪券的包销商。世人在咒骂罗马教廷时往往忽视了真相,赎罪券销售额到达梵蒂冈的只有少数,一部分留在了地方,而大多数落入了富格尔的口袋。另外,可怜的大主教还必须拿出所得的一部分清偿欠富格尔的债务和利息。

后面的故事众所周知,马丁·路德将他反对赎罪券的九十五条论纲寄给了罗马教廷,但教廷和财阀们没有认清形势,如果他们牺牲美因茨大主教做替罪羊并结束赎罪券,基督教或许可以避免有史以来最严重的分裂。可是当教皇将马丁·路德逐出教会的时候,一个商人的利润诉求最终演变成了一场人民运动。

金融帝国的瓦解

雅克布·富格尔是一位忠实的天主教信徒,这并不是因为他与教皇有着经济上的联系,而是出于对天主教教义的笃信。1524年,当他想让教会罢免一个宣传路德新教的教士时,群众发动了一场声势浩大的支持宗教改革、反对富格尔家族的游行示威活动。这位商界巨人在群众的潮流中不得不逃往乡下,直到为首闹事者被正法,奥古斯堡再次恢复平静为止。

从这时开始,富格尔便逐渐丧失了在宗教事务中的好运气。首先是宗教战争中富格尔的远洋贸易公司被迫解散;接着,美第奇家族又攫取了教皇宝座,梵蒂冈教廷的大宗金钱交易重新回到了这个佛罗伦萨的银行世家的手里;更糟糕的是,在农民对整个国家进行大规模哄抢的1525年,匈牙利国王以空洞的借口把富格尔的铜矿收归为国有。几个月之后,这位欧洲王室的首席债权人便辞别了人世,享年67岁。

由于富格尔生前留下了大量的实业地产,以及主要债务人依然有偿还能力,所以,他的金融帝国并未在宗教改革中瓦解。他的侄子安东尼·富格尔继承了他的产业,并使富格尔的影子继续笼罩欧洲政治。

安东尼继承了叔叔晚年的做法,不断将财富变成土地和实业,并收回了矿山。由于教士们的金币都存入了美第奇的银行,大量置办实业加剧了富格尔财团现金流的紧张。安东尼没有意识到,银行家是维系欧洲君主财政链条的螺丝钉,银行家的现金流断裂意味着欧陆帝国将周转不灵。

处于资金困境的卡洛斯一世已经使富格尔财团经济陷入了紧张,但安东尼还在继续向其他侯爵王室提供大量贷款,结果丧失了挽救其最大债主财政危机的最后能力。此时的富格尔财团完全是一派畸形的繁荣,财团资产高达500多万古尔登,然而,仅查理五世的债款就有200万之多。

1556年,查理五世退位,继任的腓力二世虽然继承了债务,但一年以后,其统治基础西班牙王国宣布破产。富格尔家族在西班牙的塞维利亚要求皇帝兑现一张价值43万古尔登的汇票,但没能兑现。这仅仅是噩梦的开始,此后,富格尔家族要求兑现的款项全部成为一纸空文。到1560年左右,仅仅西班牙拖欠的应付款项就是公司自有资本的两倍多。紧接着,法兰西也出现破产,大量贷款有去无回。

1575年,西班牙再次破产,又有上百万古尔登付诸东流。富格尔家族遍布欧洲的贸易网络士气低落、每况愈下,最后,整个家族只余下因雅各布·富格尔的遗训而未被变卖的大量土地,富格尔家族的后人们依靠祖先的先见之明勉强维持着富足体面的生活,但雅各布·富格尔一手缔造的足以左右欧洲政局的"影子帝国"已经成为了历史。

雅各布·富格尔一生都在玩弄哈布斯堡这张王牌,然而,他的子孙却不懂得对债权人的依赖只能限于它强大的时候,一旦超级债务人走向衰落,昔日的王牌就会变成催命符。在随后的欧洲三十年战争中,盛极一时的富格尔家族彻底走向灭亡。

7."货币战争"的终极王者

罗斯柴尔德家族究竟有多少财富?至今仍无人能说出准确答案,人们只知道在1850年左右,这个家族就已经拥有60亿美元的财富,如果以每年6%的投资回报率计算,160年后的今天,他们的资产至少超过50万亿美元,将近美国2013年GDP的3倍,是2014年富豪榜前一万位富豪的财富总和,如果富豪榜能排到一万位的话。

或许,今天的"罗斯柴尔德"已不再像100年前那样如雷贯耳,毕竟家族成员早已散落在世界各地,而且总是藏身于金融大鳄或银行财阀背后操控全球经济。然而,关于罗斯柴尔德的传奇仍在延续,各界学者对罗斯柴尔德家族的描述众说纷纭。

"战争之王"

"银行业,"罗斯柴尔德家族第三代勋爵维克托·罗斯柴尔德曾这样轻描淡写地定义,"说到底就是让金钱流动得更为顺畅,使其从所在地A点便捷地流动到需要它的B点。"说这话时,他一脸轻松,可长盛不衰背后的辛酸回忆却格外沉重。从A点到B点的流动,罗斯柴尔德家族持续了250年,跨越五大洲四大洋,经历了创业者所能碰到的所有困难。

史诗般的传奇故事从1744年开始。德国法兰克福犹太人聚居的贫民窟里,梅耶·阿姆谢尔·罗斯柴尔德出生在一个流动的金匠和放贷人家庭。刚满12岁时,他被送到汉诺威的欧本海默家族银行当学徒,开始收藏古钱币,并因此结识了威廉王子。4年后,他被提升为办事员,众人都坚信他将来会成为出色的会计师,可他却回到了法兰克福捡破烂,一段荡气回肠的家族创业故事由此开始。

1769年9月21日,已转行做古董古钱币生意的梅耶在门店挂出王室招牌,上书"M.A.罗斯柴尔德,威廉王子殿下指定代理人"字样。1789年,法国资产阶级大革命爆发,罗马帝国与英国的贸易中断,物价飞涨,梅耶从英国私运商品到德国,狂赚了一笔。1798年,梅耶带着2万英镑闯荡英国,到1813年,"雪球"已滚成5000万英镑,增值2500倍。

1802年,丹麦海军被英国打败,国王向侄子威廉王子求援,后者天生贪婪,既想收取利息又怕叔叔赖账,就请梅耶出面借钱给丹麦国王,威廉王子分一部分利息给梅耶作为报酬。这笔借贷成功后,又有6笔丹麦王室借贷交给梅耶打理,他自此名声大噪,与皇室联系日渐紧密。一年后,拿破仑下令禁止进口英国货物,然而,在此后的数年内,梅耶的儿子内森联手弟弟詹姆斯瞒天过海,将英国货物走私销往欧洲各地,并逐渐在官方默许下将走私合法化。

1812年,罗斯柴尔德家族创始人梅耶去世,他的5个儿子分赴5个国家:老大阿姆谢尔留守法兰克福负责家族银行的总部事务;老二萨洛蒙在奥地利的维也纳建立了罗斯柴尔德分支银行;老三内森最具权威,是第二代罗斯柴尔德掌门人,他很早就被派往英国开拓家族银行业务;老四卡尔在意大利的那不勒斯建立了银行;老五詹姆斯在法国巴黎创办了银行。遍布伦敦、巴黎、维也纳、法兰克福和那不勒斯的罗斯柴尔德金融帝国初步建成。

1815年的滑铁卢战役是拿破仑的事业终点,却是罗斯柴尔德家族繁荣的开端。在战争开始前,五兄弟就明确分工,派家族最优秀的情报人员到前线打探战报。在黑森和普鲁士军队里,阿姆谢尔安排了一位上校和一位将军;在拿破仑军队中,萨洛蒙认识拿破仑的贴身侍卫官与部队里的一名骑兵军官;在反法同盟军队里,内森安排了一名参谋军官做眼线。前线硝烟弥漫,后方成千上万的投资者也心惊肉跳:如果英国战胜,公债将猛涨,反之则一泻千里。凭借严密的情报系统,罗斯柴尔德兄弟最先拿到滑铁卢战役的准确战报,在英、法证券市场上收益超过2.3亿英镑。

1824年,法国"七月革命"爆发,持有巨额政府公债的法国罗斯柴尔德银行损失了1.7亿法郎,家族面临空前的财政危机。身在巴黎的詹姆斯在革命爆发前通知其他四兄弟提前抛空持有公债,当外界一拥而上抛售时,他们再悄悄补仓。新政权掌权后公债升值,四兄弟在欧洲证券市场上的收益超过3亿英镑,不仅弥补了1.7亿法郎的损失,还赚得盆满钵满。

到19世纪中叶，罗斯柴尔德五兄弟已成为所在国家的金融主宰者，欧洲各主要工业国的货币发行权均被他们掌握。梅耶·罗斯柴尔德曾说："只要我能控制一个国家的货币发行，我不在乎是谁制定的法律!"罗斯柴尔德家族能够成功掌控欧洲的经济命脉，离不开其家族的5家银行的紧密合作。无论记述哪一家的丰功伟绩，都不得不提及另外4家。

1875年，列昂内尔·罗斯柴尔德作出的一个英明决定，不仅为家族带来了巨大利益，也让他一夜之间成为英国最受尊敬的英雄。他提供400万英镑贷款给英国政府，顺利从埃及国王手中抢先买下17.7万股苏伊士运河股票，英国由此控制苏伊士运河，得到了巨大的政治、经济、军事利益，罗斯柴尔德家族也借机将融资业务铺进埃及。1885年至1893年间，罗斯柴尔德银行包揽埃及最大的四宗国债发行，总额接近5000万英镑。

进入20世纪以后，罗斯柴尔德家族遇到了一个巨大的发财机会：为世界上最大的豪华邮轮、号称"永不沉没的船"——泰坦尼克号提供保险，可内迪·罗斯柴尔德却对唾手可得的巨款敬而远之。1912年，泰坦尼克号在冰海沉船，1000多名乘客遇难。此时，有人吹捧罗斯柴尔德有先见之明，而他们得到的回答却出人意料的简单："我只是觉得这艘船太大了，它未必浮得起来。"

1917年11月，英国支持犹太复国主义者在巴勒斯坦建立"民族家园"的《贝尔福宣言》公布，以国家形式协助犹太人大规模返回巴勒斯坦。1945年，第二次世界大战结束，美国人参与帮助犹太人复国，罗斯柴尔德家族不仅在经济上倾囊相助，而且在政治上也多方奔走。在刚成立的联合国投票上，美国和苏联都对以色列建国投赞成票，于是，在长达2000年的颠覆流亡之后，犹太人终于奇迹般地在远古的以色列国土上复国了。

进入20世纪，罗斯柴尔德在金融舞台上逐渐退居幕后，淡出人们的视线。只是，无论在世界的哪个角落，人们总能在金融、煤炭、钢铁、铁路、酒店、红酒等几乎所有领域找到罗斯柴尔德家族的影子。

解码财富基因

罗斯柴尔德是一个尚未老去的财富家族，每一代人的商业故事都是那么的鲜活，从中随意采撷一段影像，都能让后来者受益匪浅。

家族团结高于一切。罗斯柴尔德家族的族徽是一只大手抓着五支箭，含义是单独一支箭很脆弱，而一把箭就很难被折断，告诫家族成员之间要团结。家族创始人梅耶在遗嘱中写道："家族的所有成员都必须团结友爱，不得钩心斗角。"他曾反复叮咛5个儿子："只要团结，世上就没人能战胜你们。"200多年后，家族第六代掌门人大卫·罗斯柴尔德坦言："经历了国有化冲击、纳粹的迫害、历次世界大战，我们始终都在。是家族所有成员齐心协力的参与令罗斯柴尔德集团区别于其他金融机构，得以在欧洲乃至世界茁壮成长。"传承260年而不衰，历经多次经济危机和世界大战而不倒，正是得益于世代恪守的"团结"祖训。

勇于追求富足生活

罗斯柴尔德并非天生富有，而是典型的从贫民窟白手起家的百万富翁。在发家之前，创始人梅耶的日常工作只是从垃圾堆捡拾古钱币，与生俱来的低贱身份让他吃尽了苦头。但即便受尽侮辱，他也不屑一顾地说："我蹲下、跪下，是为了能跳得更高！"没有人能阻挡罗斯柴尔德追逐财富的脚步。这或许是所有犹太人的共同特征，赚钱是他们的爱好，他们很享受这个过程，只不过罗斯柴尔德家族更甚，他们说："赚钱，获得影响力，是我们家族的信仰！"德国诗人海涅不无奉承地说："如果金钱是我们时代的上帝，那罗斯柴尔德就是它的先知。"

金　融　硝　烟
Financial smoke

和有影响力的人交往

罗斯柴尔德祖训中有一句话:"我们一定要和国王一起散步。"一直以来,这个家族都与皇室或政府保持着密切的联系,由早期提供借贷到后来的顾问咨询,他们的一大半收入都来自各地政府。同时,罗斯柴尔德家族的行业扩张也在世界各地悄然展开,包括全球铁矿石70%的市场份额及钢铁、汽车等领域。与财富数字的增长相比,他们更在乎占有更多的社会资源。与过去有所不同的是,与政府打交道更多的是罗斯柴尔德家族在当地的代理人,家族人员与各国政要的合影不会轻易出现在媒体或网络。

信息是赚钱的法宝

罗斯柴尔德银行分布于欧洲主要工业国家,并拥有比瑞士钟表更精准的情报系统,他们能迅速收集、整理并传递可靠情报,使得预判永远比市场早一步,以至于连欧洲王室和贵族都更愿意用罗斯柴尔德家族的信使而不用外交邮袋来传递信件。无论是滑铁卢战争还是掌控苏伊士运河、无数次买卖公债,都应归功于罗斯柴尔德家族情报系统领先的馈赠。

控制盲目投资的冲动

大卫·罗斯柴尔德认为:"最聪明的投资就是不要过度频繁地投资,而是把握住关键的机会。所以,我觉得在很多时候,罗斯柴尔德家族应该做一个旁观者,而不是成为一个积极的演员。"罗斯柴尔德家族总是像农夫那样观察天气,静观其变,顺应天时而动。考虑到风险因素,他们将伦敦有200多年历史的办事处迁移,宁愿重盖一座耗资巨大的14层办公大楼;在美国经济高速增长的时代,罗斯柴尔德家族却退出了美国市场,事后也并未觉得遗憾。他们的口头禅是:"你无法控制你的命运——你所能做的其实是有限的。"

第一章
远古之战——世界金融业发端

在学习中与时俱进

罗斯柴尔德家族的名言是："时代永远不会因为没有罗斯柴尔德而停止前进,只有罗斯柴尔德跟着时代前进。"第二次世界大战之后,面对全球化和知识经济时代的到来,罗斯柴尔德家族由世界金融霸主化身为全球性顾问公司,并将商业视野扩展到欧洲之外,家族利润的40%来自中国、印度、巴西等新兴市场。在家族内部,有些陋习已悄然改变,比如"所有家族银行中的要职必须由家族内部人员担任而绝不用外人"的规定,比如"只能在家族内部通婚"的禁锢,都不再如从前那般不容挑战。

第二章

银行业王朝:繁荣与衰弱

1.世界上第一家中央银行

17世纪前10年的后期，英格兰陷入了金融灾难。50年间与法国或多或少的不断战争，以及偶尔与荷兰的战争，消耗了英国的力量。

1642年，英国爆发资产阶级革命，尽管对货币的控制不是导致革命的唯一原因，但是货币政策也扮演了主要的角色。在放贷者们的支持下，奥利弗·克伦威尔推翻了查尔斯国王的统治，解散了议会，处死了国王。同时，放贷者们也由此获得了巩固他们金融力量的权力。在接下来的50

年里,这些放贷者将大不列颠带入一系列代价高昂的战争里。他们占据了伦敦中心城市的1平方英里的土地,建立金融城。这个半自治的地区如今仍然是世界上两个最显赫的金融中心之一,另一个是华尔街。金融城不在伦敦警察的管辖范围里,而是自己拥有2000人的私人武装。

资产阶级革命将英国变成了一个没有国王和上院的共和国。1660年,斯图亚特王朝复辟,国王詹姆斯二世企图在国内恢复天主教并迫害清教徒,这引起了放贷者的不满。于是,他们和荷兰的改革者联合起来,于1688年推翻了斯图亚特王朝,将荷兰执政威廉推上了英国国王的宝座。

事实上,这也说明真正的权力并不在英格兰君主的手中,他们不过是那些统治金融城的放贷者的庇护者,为那些银行大家族所管制。

英格兰银行成立于1694年,是世界上第一家私人拥有的在发达国家中的中央银行。和其他私人公司一样,英格兰银行也是以发行股票起家的。这些发起者的名字从来不会披露,理论上,他们应该筹集价值125万英镑的金币来买入银行股票,但英格兰银行只收到约75000英镑。

尽管如此,英格兰银行还是在1694年如期开始经营。他们开始进行贷款,这些贷款量是他们所拥有的存款数倍,这些债券都是附有利息的。作为交换,英国政治家们能够从新银行中获得他们所需的任何数量的贷款,这些债务是以英国人民的税收作为保障的。所以,对英格兰银行的合法化就相当于对这些为私人获利的国家货币的假冒品合法化。

不幸的是,几乎每个国家都有一个私人控制的央行,当地的放贷者们以英格兰银行为基本模板。这些中央银行的力量使他们很快控制了一国的经济,那些银行家成为占据统治地位的超级富豪阶层,这就像黑手党控制了军队。专制的危险是极端的,我们的确需要一个中央货币机构——一个由政府所有和控制的机构,而不是由追逐私人利润的银行家来控制。

对英格兰银行背后放贷者的提及,产生了王位背后权势的解释。

1844年,本杰明·迪斯莱利也对这个权力进行了暗示,他写道:"这个世界被一些非凡的要人统治着,这些人是供那些不在这些幕后的人来想象的。"

1933年11月21日,富兰克林·D.罗斯福在写给他的心腹的一封信里说道:"正如你我所知道的,事情的真实情况是,自从安德鲁·杰克逊以来,来自金融方面的力量已经控制了政府。"

政府发行债券来筹集所需资金,然后通过征税来偿还。但是,大约只有10%的债券是用央行发行的货币来购买的,政府使用这些货币。一旦储存起来,私人银行就会用这些新的存款来创造出数十倍于这些存款的数目,这就使得有多余的货币来购买其他90%的新债券,而不用吸干资本市场以及推动利率上升。

通过借入货币,比如出售新的债券,政府能够控制通货膨胀。

流通中的货币越多,你的货币价值也就越少。政治家们能够得到想要的任何数目的货币,而人民却要为通货膨胀埋单,这使得人们的储蓄、固定工资和收入的购买力下降。1000个人当中也不会有1个能够说出事情的真相,因为它隐藏在欺人耳目的经济系统里。当我们完全能感受到通胀的效果时,已经为时太晚了。

随着英格兰银行的成立,这个国家很快淹没在货币中,全国的价格上涨了一倍,许多巨额贷款可以随意发放。到1698年,仅仅4年后,政府债务已经从当初的125万英镑增长到了1600万英镑。自然地,税收也增加了,以此来支付债务。

在将英国的货币发行权紧紧抓住后,英国的经济开始像一个疯狂的过山车,经历着繁荣和衰退。

2.北美殖民地第一场货币战争

18世纪中期，大英帝国在全世界的权力达到了顶峰。自其私人拥有的中央银行——英格兰银行诞生以来，它同欧洲其他国家进行了4场战争，这些战争花费巨大。为了给这些战争筹资，英国议会向英格兰银行举借了巨额债务，而不是发行自己的免债货币。

政府的债务在18世纪中期时达到了1.4亿英镑，这在当时简直是个天文数字。为了偿还银行的利息，英国政府开始增加其在北美殖民地的税收。

但在北美却是另一回事。私人中央银行还未在北美立足，虽然在1694年以后英格兰银行就将其触角伸到了北美殖民地。

1690年，马萨诸塞湾殖民地首次在北美发行了自己的纸币。接着，南卡罗来纳及其他殖民地纷纷效仿。

18世纪中期，革命前夕的北美殖民地相对贫穷，用于货物贸易的贵金属货币极其短缺，因此，早期的殖民者越来越多地被迫试着发行自己的纸币。这些尝试中有些是成功的，烟草就曾在一些殖民地成功地作为货币被使用。

1729年，每个殖民地的总督都被要求缩减殖民地货币的发行量。然而，这并没有取得多大的成效。1742年，英国纸币回收条例要求必须使用黄金来偿还贷款、支付赋税，这导致了殖民地经济的衰退——抵押的财产，富人只需花其实际价值的1/10的钱就能占有。

本杰明·富兰克林是殖民地印制自己货币的坚定支持者。1757年，富兰克林被派往伦敦争取殖民地发行纸币的权利。他随后在那里待了18年，几乎直到独立战争前夕。在这期间，更多的北美殖民地不理会英国议会的禁令，开始发行自己的纸币。

这些努力是成功的，被称为殖民地货币的纸币被寄予了厚望，它为交易提供了可靠的保证，而且有助于培养殖民地之间团结的气氛。要知道，大多数殖民地货币都只是为公共利益印制的没有债务基础的纸币，它们的价值并没有以黄金或白银作为支撑。

英格兰银行的官员问富兰克林怎样看待殖民地新一轮的繁荣，富兰克林毫不犹豫地答道："这并不复杂，我们在殖民地发行自己的货币，名为殖民地货币，并且按照贸易和工业所需的正确比例发行货币，以便使产品能够在生产者和消费者间便利地周转。通过为我们自己创造货币这种方式，我们能控制其购买力，而且，我们不需向任何人支付利息。"

这对于富兰克林来说只是一种常识，但我们可以想象它在当时的英格兰银行引起的反响：美国人创造了一种秘密货币，这个怪物必须马上重新封印到瓶子里。

结果，议会很快通过了1764年货币法案。这项法案要求所有的殖民地官员禁止发行自己的货币，并且要求他们以后用黄金或白银来支付税赋。换句话说，它迫使殖民地采取金银本位制，这导致了第一次美国银行战争。这场战争自美国发布独立宣言时开始，直到1783年签署巴黎合约结束，最终以银行家的失败而告终。

对那些认为金本位制能够解决美国货币问题的人，可以看看在1764年货币法案通过后美国发生了些什么。富兰克林在他的自传中写道："在一年之内，情况发生了截然不同的变化。繁荣的时代结束了，取而代之的是衰退，殖民地的大街上挤满了失业者。"

富兰克林认为这是美国独立战争爆发的根本原因，他在自传中说："殖民地的人们宁愿支付对茶叶或是其他货物的税收，而不愿英国人拿走他们的货币,这带来了失业和不满。"

1774年,英国议会通过的《印花税法案》要求每一笔商业支付都必须以黄金缴纳印花税,这再次给殖民地纸币带来了威胁。不到两周,马萨诸塞安全委员会就通过了发行更多殖民地货币的决议,并承认其他的殖民地货币。

1775年6月10日到22日,殖民地议会决心以"殖民地联合"的名义发行上百万纸币。它丝毫不理会英格兰银行和议会的脸色,反对接受对殖民地人民不公平的货币体系。

历史学家亚历山大写道:"因此,被历史学家所忽略或歧视,认为是不起眼的金融政策工具的信用货币(即纸币),实际上是独立的标志,甚至可以说,他们本身就是独立。"

1775年4月19日, 被英国的税赋榨干了金银货币的马萨诸塞的莱克星顿打响了独立战争的第一枪,大陆政府毫无选择,只能通过发行自己的纸币来为战争融资。

在独立战争开始时,美国(殖民地)的货币发行量维持在1200万美元,到战争结束时却达到了将近5000万美元。这有一部分是因为英国大量制造伪钞,导致这种纸币变得一钱不值,一双鞋子就要花5000美元。乔治·华盛顿叹息说,一马车的纸币很难买回一马车的货物。

早些时候的殖民地货币运行良好是因为只印制了刚好足够用于贸易交换的量,而且几乎没有伪钞出现。今天,那些支持金本位制的人用独立战争时期的这段历史来论证法币的罪恶,但我们要弄清楚,正是因为这种货币在之前的和平时期运转良好, 所以才被英国议会宣布为非法。而在独立战争时,英国故意通过在英国境内大量伪造纸币并把它们运送到美国殖民地来破坏它。

3."把第二银行杀死"

1811年，一份要求续签美国银行营业执照的法案被递交到了国会，争论变得白热化,宾夕法尼亚州和维吉尼亚州的立法机关都通过了要求国会终止续签的决议。

当天的新闻媒体公开攻击银行,称它是一个大诈骗犯、贪婪的秃鹰、阴险的毒蛇。美国的新闻媒体又一次显示了其独立性。一名叫波特的议员在国会中抨击银行时警告说，一旦国会续签了美国银行的营业执照,将在国家的心脏放置一条毒蛇,终有一天,它会严重损害这个国家的自由体制。内森·罗斯柴尔德曾警告过美国，如果银行的执照不能得到续签,美国将会卷入一场灾难性的战争中。

一段时间后,局势逐渐明朗,续签法案在众议院中以一票之差被否决,在参议院中也没有过关。当时是美国第四任总统詹姆士·麦迪逊主政白宫。麦迪逊是银行的坚定反对者,他的副总统乔治·克林顿打破了参议院中的均势，将美国的第二家私人拥有的中央银行送上了历史的绞刑架。最终,持续了20年的第三次美国银行战争以银行家的失败告终。

在5个月内，正如罗斯柴尔德所断言的那样，英格兰进攻了美国,1812年战争开始。但是由于英国与拿破仑的战争仍在僵持中，战争在1814年便结束了。值得注意的是,在这场战争中,财政部发行了一些无息的政府纸币以为战争筹集资金,但直到美国内战前再未发行过。

虽然银行家暂时处于下风,但他们并没有被击垮。仅仅过了两年,他们就建立起了更大、更强有力的第四私人中央银行。

第二章
银行业王朝：繁荣与衰弱

1816年，仅仅在滑铁卢战争结束，罗斯柴尔德家族联盟控制了英格兰银行一年后，美国国会通过了一项法案，允许成立另一家私人拥有的中央银行，第四次美国银行战争由此开始。

这家银行被称为美国第二银行，美国政府拥有银行20%的股份。当然，联邦政府的股份由财政部首先出资，并放到了银行的保险箱里。然后，通过神奇的部分准备金贷款，这部分资金转变成对私人投资者的贷款，随后又被用来购买第二银行剩余的80%的股份。

和以前一样，主要的持股人都是秘而不宣的。但据说，最大的单个持有者的股份达到了所有股权的1/3左右——来自一个国外股东。一位观察家这样描述：显然，毫不夸张地说，第二银行与其说是美国的银行，倒不如说它的根更深地扎在英国。

因此，到1816年，一些人断言，罗斯柴尔德家族及其通过联姻缔结起来的联盟在控制了英格兰银行后，也开始投资于新的美国私人中央银行。同时，随着拿破仑的战败，他们也开始掌控法国银行。

在美国第二银行操控货币将近10年后，美国民众的忍耐再次达到了极限。银行的反对者提名一位著名的田纳西州参议员安德鲁·杰克逊——新奥尔良战争的英雄竞选总统。

杰克逊把自己的家称为修道院，但早已学会了怎样用金钱来控制政治的银行家们，从一开始就没有给杰克逊任何机会。然而，让银行家们意外和惊慌的是，杰克逊在1828年赢得了大选，入主白宫。

杰克逊决心一有机会就废掉银行，并立即开始着手筹备。但第二银行20年的营业执照到1836年才到期，也就是他第二个任期的最后一年，如果他能够活得那么久的话。在他的第一个任期里，杰克逊将许多银行的代理人清出了政府机关，他解雇了联邦政府11000名雇员中的2000人。

1832年，随着他第二次当选的临近，银行家们先发制人，并希望杰克逊不会从中作梗。他们要求国会提前4年通过银行营业执照的续签法案。

金 融 硝 烟
Financial smoke

国会通过了这一法案并将它递交给总统签署,但杰克逊毫不理会,他毫不犹豫地否决了该法案。而这一否决通知书也是美国最重要的档案之一,它清楚地表明了美国政府对其公民的责任。

安德鲁·杰克逊说:"不是只有美国的公民才享受到美国政府的慷慨,超过800万美国银行的股份是外国人持有的。这使得人们很容易相信我们的国家和制度中的那些巨大的缺陷是由于权力都集中在一群不负责任的人手里所造成的。一家在本质上与我们的国家没有多大联系的银行真的对我们的自由和独立不会造成任何危险吗?它控制我们的货币发行,接受公民储蓄并且让我们的国民必须依赖它,这将比面对一支全副武装的军队还要危险可怕。"

遗憾的是,富人和有权势的人常常使政府的法律向他们自己的私利倾斜。如果政府对每个公民都给予平等的保护,就像上天对大地遍洒甘露一样,无论地域贫富,这绝对是一项巨大的功德。然而,那份法案却不必要地严重背离了这些公正的原则,许多富人不满足于均权和均富,而是要求总统通过国会的法案使他们变得更加富有。如果由于在迂腐的立法体系中利益评判的偏颇,使得政府不能立即做它该做的事情,至少政府可以与新的垄断和特权作斗争,以阻止政府在牺牲大多数人利益的情况下来换取少数人的利益。这也有利于国家司法制度和政治经济体系进行折中的渐进式的改革。

杰克逊说:"我现在履行了我对这个国家的职责,如果能得到我的国民的支持,我将非常感激和高兴;如果不能,我也会找到让我继续寻找和平和美好的动力。我们所面临的困难以及我们的制度所面临的威胁都不应该使我们沮丧惊慌,让我们紧紧地依靠在仁慈的上帝周围以获得解脱和安慰,我坚信他会以无上的智慧庇佑着我们的国民。有他的恩惠,还有我的国民们对这个国家的热爱,我们的自由和制度一定会胜利。"

杰克逊还宣称:"如果国会有权发行纸币,这项权力应当只能由国会自己持有,而不应该被移交给其他任何个人或公司。"

1832年7月,国会没能驳回杰克逊的否决。之后,杰克逊竞选连任,他将这些问题直接交给人民去决定。在美国历史上,首次有候选人在街道上开展竞选活动。在此之前的总统候选人都是待在家里,好像他们已经是总统了。杰克逊的竞选口号是:有银行就没有杰克逊,有杰克逊就没有银行!

共和党推选参议员亨利·克莱作为杰克逊的竞选对手,尽管银行家们在克莱的竞选活动中投入了300多万美元——这在当时是一个天文数字,但杰克逊仍然在1832年再次当选美国总统。

虽然杰克逊在总统竞选中取得了胜利,但他心里也知道战争才刚刚开始。这位刚连任的总统说:"腐败的毒瘤才仅仅被划破,却仍未被根除。"

杰克逊命令他的新财政部长路易斯·麦克雷将政府的存款从美国第二银行里转移出来,存到各州银行中。但麦克雷拒绝这样做,于是杰克逊解雇了他,并任命威廉·J·道恩为新的财政部长。道恩也拒绝执行总统的要求,杰克逊再次解雇了道恩,随后任命罗杰·B.特尼就任这一职位。特尼遵循了杰克逊的要求,从1833年10月1日开始取出政府存在美国第二银行的资金。杰克逊说:"我终于将它锁住了,我已经准备好将它连根拔起!"但是,银行在这场战斗中还未被打倒。

对于杰克逊来说,他对"有钱贵族"的核心和灵魂——第二银行及其总裁尼古拉斯·比德尔仍然心存恐惧。比德尔和杰克逊完全不是一路人:前者出身高贵,受过高等教育,四处游历,深谙财政之道。学法律出身的比德尔在欧洲待了3年,那段日子,他给詹姆斯·门罗当秘书,当时,门罗担任美国驻英国的大使。比德尔和一个富有的继承人简·克雷格结婚后,离开法律界,成了费城一家文学杂志的编辑。很快,他就在费城北边特拉华河岸边的安达卢西亚建造了一幢国内一流的房子,直到今天,整个家族还居住在那里。

金　融　硝　烟
Financial smoke

　　1819年，门罗总统任命比德尔担任第二银行的董事会董事，1823年，比德尔成为该银行的总裁。第二银行在第一任总裁威廉·琼斯时期发展得并不顺利。琼斯曾参与第二银行股票的投机活动，并暗中进行了一些暗箱操作，后来由于受到国会的调查而辞职，兰登·切夫斯接任总裁，收拾琼斯留下的烂摊子。不幸的是，这次调整引发了1819年的大恐慌，紧接着，商业活动还出现了短期的疲软。

　　当杰克逊入主白宫后，对银行尤其是那些实力雄厚的大银行的厌恶之情马上就反映在他作为总统向国会递交的首份报告中。当时距离第二银行的特许状到期还有整整7年的时间，他就在这份报告中早早地提出要停止续发特许状。1832年，当杰克逊再次参加总统竞选的时候，他要毁掉第二银行的意图已经非常明显。

　　比德尔奋力保护第二银行。许多国会议员和银行都有着良好的关系，比德尔向他们施压，要求在国会在1832年夏天休会之前通过法令给第二银行续签15年的特许状，他希望杰克逊不要把这件事牵扯到自己的竞选活动中去。

　　尼古拉斯·比德尔试图运用他的影响力使国会驳回对道恩的任命。比德尔威胁说，如果美国银行的营业执照不能再次得到续签，将会带来一场席卷全国的经济衰退。他宣战说："这位杰出的总统认为他剥下了印第安人的头皮，并把圣经束之高阁，下一步他就能拿银行下手了，那他就犯了不可弥补的错误！"

　　后来，比德尔承认银行将紧缩银根以迫使国会恢复中央银行，他的话难以置信地坦率："只有大众的苦难才能迫使国会让步……我们唯一的保险做法就是稳步控制货币供应，我毫不怀疑这一路线将最终使得资金被重新存到中央银行，并使它的营业执照得到续签。"

　　比德尔想利用银行拥有的货币收缩能力引致一场大范围的衰退直到美国屈服。不幸的是，虽然银行家们不会再犯像比德尔那样的错误，但

第二章
银行业王朝:繁荣与衰弱

这种情况却在美国历史上一次又一次地发生。也许,在今天它同样可能。

尼古拉斯·比德尔展开了他的威胁,银行通过回收旧的贷款并拒绝发放新的贷款急剧地收缩了货币供应,紧接着引发了金融恐慌,并带来了经济的萧条。毫无疑问,比德尔将这场危机归咎于杰克逊总统,说这是由于联邦资金从中央银行撤走而造成的。他的阴谋得逞了,工资和物价双双下跌,失业率随着企业的破产而剧增,整个国家都陷入骚动。

各大报纸在社论中大肆批评杰克逊,然而,杰克逊仍然是总统。银行家们威胁不再向国会议员们支付工资,由于一些重要政客的支持,这在当时是可以直接合法地实现的。仅仅在1个月内,国会就召开了所谓的"恐慌会议"。

在杰克逊将资金从中央银行取出6个月后,参议院以26票对10票通过了对他的谴责决议。这是历史上首次有总统被国会谴责。但这更激起了杰克逊的愤怒,他猛烈地抨击银行:"你们是一群毒蛇,我一定会将你们驱赶出去,以上帝的名义起誓,我一定会将你们驱赶出去!"

此时,美国的命运处在悬崖边上。如果国会征集了足够的票数推翻杰克逊的否决案,银行将被授予另外20年或者更长时间的对美国货币的垄断控制。是时候巩固它已经拥有的巨大权力了,比德尔开始谋划新的阴谋。

但这时,一件不可思议的事情发生了,第二美国中央银行总部所在地宾夕法尼亚州的州长站出来支持总统并强烈地谴责银行。此外,比德尔公开吹嘘银行要摧毁经济的话被曝光,形势迅速得到扭转。

1834年4月,众议院以134票对82票驳回了续签银行营业执照的法案。紧接着,国会以更具压倒性的比率投票通过了建立一个专门委员会的提议,以此专门委员会调查这场危机是否是银行一手策划。

当调查委员会手持传票来到费城银行的门口要求查看账目时,比德尔拒绝交出账目,他也不允许检查他和一些国会议员关于他们的私人贷款和利益的信件。不仅如此,他还傲慢地拒绝在委员会回到华盛顿以前做证。

1835年1月8日，在就职11年以后，杰克逊还清了最后一部分国债，而这是允许银行通过发行货币而不是简单地发行国库券来购买政府债券的必要条件。他是美国历史上唯一一个还清了国债的总统。

几周之后，也就是1835年1月30日，一名叫理查德·劳伦斯的暗杀者试图刺杀杰克逊总统，但两支手枪都走火了，劳伦斯后来以精神病的理由被判决无罪。在获释以后，他在朋友面前放言，是欧洲某个有势力的人交给他这个任务并承诺在他被抓后保释他的。

尽管第二银行对贷款的收回导致经济的发展在1834年出现了短暂的回落，但在19世纪30年代早期，南方棉花价格高涨、北方制造业飞速发展、运输体系不断完善，这三方面推动着国内生产总值不断攀升，各地均呈现出繁荣景象，国内银行的数量从1829年的329家增长到1837年的788家。繁荣为投机分子提供了机会，华尔街的股票交易额涨幅之高使得"华尔街"一词成为美国金融领域的代名词。

西部的投机活动最为猖獗，那里关注的焦点是土地而不是证券。那些无意定居的人一边从联邦政府手中购置大片土地，一边从当地银行借到更大数额的银行券支付给联邦政府。联邦政府的土地销售是由其下设的土地管理局负责的，1832年，土地销售总额已达250万美元，1836年达到2500万美元，同年初夏的一个月内，土地销售总额就有500万美元。事情发展的态势吓坏了杰克逊，他可能从未意识到自己的政策已在很大程度上助长了他最为痛恨的东西：投机和纸币。

其实，杰克逊对形势一清二楚，他后来写道："公共土地的所有证只不过是银行信用的凭据。""银行向投机者兜售银行券，收票人支付之后，银行马上收回票据再次卖出，在这个过程中，银行券不过是最有价值的公共土地转移到投机者手中的凭据。实际上，每一轮投机活动的结束都意味着新一轮的开始。"

第二章
银行业王朝：繁荣与衰弱

杰克逊决心用自己典型的方式处理这件事。1836年，他向内阁建议：想要购买土地的人只能以金币或银币——铸币的形式向土地管理局缴纳土地款，那些真正有意在当地定居、一次性买下320英亩土地、并能在同年12月15日之前用钞票付清土地款的买家例外。内阁的许多成员都已经深深地卷入这场投机活动中，所以总统的提议遭到了坚决抵制，很多与投机活动有着千丝万缕联系的国会议员当然也不会同意。

面对这种情况，杰克逊只好等到国会休会后的7月11日，将所谓的《铸币流通令》作为一个行政命令签署生效。这个法令的出台在遏制西部土地的投机活动的同时，也带动了当地硬币需求量的增长。东部银行金银储量逐渐耗尽，银行开始动用以前的储备。很快，许多西部银行就捉襟见肘了。杰克逊财政方案的另一组成部分——"宠儿银行"的情况更是糟糕。国债全部偿清后，联邦政府有了大量财政盈余，如何利用这笔收益成为亟待解决的问题。杰克逊总统说服国会从1837年1月1日起把这些盈余分给各州使用。政府存款纷纷撤走，"宠儿银行"开始收回贷款。

1836年，第二美国银行在营业执照到期后终止了中央银行的功能，比德尔随后被逮捕并被指控犯有欺诈罪，他在审问后被宣判无罪，但此后不久就死了。此时，他还背负着数宗民事诉讼。第四次美国银行战争以银行家的第四次失败而告终。

在结束第二任总统任期后，杰克逊到位于纳什维尔的一家修道院修养，他仍然因其杀死银行的决心而被人们所熟知。事实上，他的工作完成得如此出色，以至于银行家们花了整整一个世纪（随着1935年联邦银行法案的通过）才恢复元气并达到相同的规模。在杰克逊后来的日子里，当被问到他最大的成就是什么时，这个战争英雄回答说："我杀死了银行！"

杰克逊还警告美国未来的后代："如果美国人民被银行以这样或那样的存在形式所蒙蔽，那么它无所顾忌地控制政府并带来无尽的苦难就是美国人民面临的可以预见的命运。"

4.内战时期的林肯绿币

尽管杰克逊用局部区域的储备银行把私人所有的中央银行给击垮了,但连他自己都无法弄清事情的原委,这种武器仍然受到大量的国有特许银行的欢迎。比如,到1862年的马萨诸塞州,国有银行贷出了超过他们拥有的金银8倍的款项。一个国有银行放行了只有86.48美元支持的50000美元债券,这加剧了南北战争前的经济不稳定,况且,他们中的大多数都不用交纳准备金。然而,中央银行被淡化了,大规模一致的货币整治行动不可能实现。所以,美国在西部扩张中逐渐强盛。

这一次,主要的货币变革者拼命地想要挽回失去的力量,并对货币发行进行垄断,但是没用。最后,他们只能用以前央行的惯用之计——为战争融资,制造债务。如果他们不能用其他手段控制央行,美国将因为战争而陷入泥潭。

1861年4月12日,在亚伯拉罕·林肯就职后的第一个月,南北战争在南卡罗来那州的福特·萨姆特地区打响了。第五次同时也是最后一次美国"银行战争"由此开始。

在枪声响起后的几个月内,中央银行家们向法国拿破仑三世(沃特鲁·拿破仑的外甥)贷款2.1亿法郎,以保障拿破仑三世的军队能够占领墨西哥并击退美国南方边境的驻军,以此利用南北战争的机会威胁门罗主义,恢复墨西哥的殖民统治。

不管战争的结果如何,他们都希望一个被战争洗礼的美国能够欠下欧洲的货币改革者大笔债务,这样,美国就不得不把中央和南方再次向欧洲殖民占领者开放。这正是门罗主义在1823年所禁止的根本原因。

同时，英国调集了11000人的军队到加拿大，并将他们驻扎在北美边境。英国的舰队也处于临战状态，随时准备快速出击进行干涉。

林肯知道自己被束缚住了，他为国家的命运感到深深的忧虑。而南北之间，除了差异之外，还存在很多其他的因素，这就是为什么他总是强调"联合"而不仅仅是击溃和统一南方。但是，打仗需要金钱，只有有足够的金钱，他们才可能赢得战争。

1861年，林肯和他的内阁财政部长蔡斯去纽约申请贷款。货币改革者出于最大化战争利润的考虑，贷给他们的利息是24%~36%，林肯没有接受。接着，他拜访了来自芝加哥的老朋友陆军上校迪克·泰勒，把这个为战争融资的问题告诉了他。

在一次特别会议上，林肯询问泰勒如何筹集资金。泰勒说："这很简单，让议会通过法案'发行具有完全法偿力的财政债券'，用这些券给士兵发工资，让他们给你带来战争的胜利。"

当林肯问及是否美国的所有公民都接受这些纸币时，泰勒说道："如果你让它具有完全的法偿力，任何人对于此事都没有其他选择，他们将像纸币一样对政府有完全的约束力……有政府背后的撑腰，使得货币一直是好东西，这使得这些券像美国境内的其他货币一样好用。"最终，林肯照着他的话做了。从1862年到1865年，通过议会赋予的权力，林肯印了超过4.32亿美元的新票据。为了与流通中的私人银行货币相区别，他在票据后面印上了绿色的墨迹。这就是为什么这些银行券被称为"greenback"（绿币）的原因。有了这些钱，林肯支付了军费。

直到此时，林肯才明白什么在左右战争，对美国人民来说，什么才是无法预料的。林肯对这件事的理解比前任总统杰克逊还要透彻。这是他对货币的观点："政府应该制造、发行并且使得通货进入流通领域，信用必须满足政府的支付能力和顾客的购买力……制造和发行货币不仅仅是政府的最高特权,也是政府最伟大的制造时机。纳税人要被动存入很大数额的利息。公共企业的融资,财政的监管将是实际管理中的问题。金钱将被人类主宰,成为人类的奴隶。"

5.刺杀林肯背后的金融阴谋

与18世纪70年代的美国独立战争相比,美国历史上发生在本土的最大规模的战争,是爆发于1861年4月的南北战争。今天,关于南北战争起源的争论大多围绕在战争的道义问题上,即废除奴隶制的正当性,恰如希特尼所说:"如果没有奴隶制,就不会有战争。"

其实,在19世纪中叶的美国,关于奴隶制的争论是经济利益第一,道德问题第二。当时的南方经济支柱就是棉花种植产业和奴隶制,如果废除奴隶制,农场主就不得不按白人劳动力的市场价格支付工资给原来的奴隶。如此一来,整个产业就会陷入亏损,社会经济结构势必会崩溃。

实际上,奴隶制的确是导致美国内战的一个重要因素,但不是最初的原因。林肯知道南方的经济依赖于奴隶制,所以他根本不想废除奴隶制。他在就职前的一个月说过这样的话:"无论是直接的还是间接的,我没有干预存在于这个国家的奴隶制的目的。我相信我没有法律权利这样做,也没意愿这么做。"甚至在福特·萨姆特地区战争打响之后,林肯仍然坚持说这场战争不是针对奴隶制的。"我最重要的目的就是挽救这个国家,而不是挽救或者废除奴隶制。如果我解救任何奴隶就能挽救国家,那我肯定会那么做。"

第二章
银行业王朝:繁荣与衰弱

那南北战争为什么会发生呢? 原因很多。北方工业家利用保护性关税防止南方各州购买欧洲的便宜货,而欧洲则以停止从南方进口棉花来作为报复,这导致南方各州的财政出现了问题:一方面,他们出口棉花得到的收入在不断减少;另一方面,他们花在生活必需品上的钱财却在不断增加。在这种情况下,南方的激愤不断堆积。

另外,也有一些其他原因。货币变革者们仍然因为美国摆脱他们的束缚早了25年而耿耿于怀。从那时起,美国靠不住的经济对于世界上其他地方来说就是一个反面教材,尽管间断出现的储备银行使得经济有所恢复,国家有所变强。

中央银行家们发现了一个机会,通过战争分割南北,分裂这个富裕的新兴国家。这只是一个野蛮的阴谋吗?

比斯马克说:"在战争爆发前很久,欧洲的金融力量就决定把美国分割成平等的两个联邦。这些银行家恐怕美国得到经济和金融的独立,南北不分割,而是一并发展,这样会使得欧洲的资本霸权在世界范围内受挫。"

与罗斯柴尔德家族有着极深渊源的俾斯麦说得很透彻:毫无疑问,把美国分成南北两个实力较弱的联邦,是内战爆发前早就由欧洲的金融强权定好的。这也充分地印证了一点:推动美国南北战争的幕后黑手正是伦敦、巴黎和法兰克福轴心的银行家们。

为了挑起美国内战,国际银行家们进行了长期而周详的策划。

在美国独立战争之后,英国的纺织工业和美国南方的奴隶主阶层逐渐建立起了密切的商业联系,欧洲的金融家们瞧准了这一机会,乘势秘密发展起一个将来可以挑起南北冲突的人脉网络。在当时的南方,到处都是英国金融家的各类代理人,他们和当地的政治势力共同策划脱离联邦的阴谋并炮制各种新闻和舆论。他们巧妙地利用南北双方在奴隶制问题上的经济利益冲突,不断地强化、突出和引爆这一原本并非热门的话题,并最终成功把奴隶制问题催化成南北双方水火不容的尖锐矛盾。

国际银行家们做了充分准备,他们在策动战争的过程中的惯用打法是两面下注,无论谁胜谁负,巨额的战争开支所导致的政府巨额债务都是银行家们最丰盛的美餐。

1859年秋,法国著名银行家所罗门·罗斯柴尔德(詹姆斯·罗斯柴尔德之子)以旅游者的身份从巴黎来到美国,他是所有计划的总协调人。他在美国南北奔走,广泛接触当地政界、金融界要人,不断地把收集到的情报反馈给坐镇英国伦敦的堂兄纳萨尼尔·罗斯柴尔德。所罗门在与当地人士的会谈中公开表示将在金融方面大力支持南方,并表示将尽全力帮助独立的南方取得欧洲大国的承认。

国际银行家在北方的代理人,是号称纽约第五大道之王的犹太银行家奥古斯特·贝尔蒙特。他是法兰克福罗斯柴尔德家族银行的代理人,也是该家族的姻亲。他在1837年被派往纽约,由于大手笔吃进政府债券,很快便成为纽约金融界的领袖级人物,并被总统任命为金融顾问。奥古斯特代表英国和法兰克福的罗斯柴尔德银行表态,愿意从金融上支持北方的林肯。

在战争爆发初期,南方的军事进攻节节胜利,英法等欧洲列强又虎视眈眈,林肯陷入极大的困境中。银行家们算准了此时的林肯政府国库空虚,若不进行巨额融资,战争将难以为继。自1812与英国的战争结束以来,美国的国库收入连年赤字,到林肯主政时,美国政府预算的赤字都是以债券形式卖给银行,再由银行转卖到英国的罗斯柴尔德银行和巴林银行,美国政府需要支付高额利息,多年积累下来的债务已使政府举步维艰。

银行家们向林肯总统提出了一揽子融资计划并开出了条件,当听到银行家们开出的利息高达24%~36%的时候,目瞪口呆的林肯总统立即指着门让银行家们离开。这是一个彻底陷美国政府于破产境地的狠招,林肯深知美国人民将永远无法偿还这笔天文数字的债务。

战争离不开大量的金钱,但林肯认识到向国际银行家借钱无异于自杀。

就在林肯冥思苦想解决方案而不得时,他在芝加哥的老友迪克·泰勒给他出了一个主意:进行货币改革,发行政府的货币。这种由政府发行的货币就是后来的林肯绿币。

听到这个消息后,代表英国银行家的《伦敦时报》立即发表声明:如果源于美国的这种令人厌恶的新的财政政策(指涉林肯绿币)得以永久化,那么政府就可以没有成本地发行自己的货币。它将能够偿还所有的债务并且不再欠债,它将获得所有必要的货币来发展商业,它将变成世界上前所未有的繁荣国家,世界上的优秀人才和所有的财富都将涌向北美。这个国家必须被摧毁,否则,它将摧毁世界上每一个君主制国家。

关于林肯的货币改革,德国首相俾斯麦曾先知一般地预言道:"他(林肯)从国会那里得到授权,通过向人民出售国债来进行借债。这样,政府和国家就从外国金融家的圈套中跳了出来。当他们(国际金融家)明白过来美国将逃出他们的掌握时,林肯将遭遇极大的生命威胁。"

林肯在解放黑奴、统一南方以后,立即宣布南方在战争中所负的债务一笔勾销,这使在战争中一直为南方提供巨额金融支持的国际银行家们损失惨重。为了报复林肯,更是为了颠覆林肯的货币新政,他们纠集了对林肯总统不满的各种势力,严密策划了刺杀行动。

1865年4月14日晚,美国公民约翰·维尔克斯·布思偷偷溜进亚伯拉罕·林肯总统在福特剧院的包厢,给了林肯总统致命的一枪。而在当时,许多人都认为这只是一个偶然的事件。

林肯在遇刺后的第二天凌晨死亡,紧接着,在国际金融势力的操纵下,国会宣布废除林肯的新币政策,并冻结林肯新币不超过4亿美元的发行上限。

从表面上看,美国的南北战争是两种制度之间的肉搏,但从根本上看,其实是国际金融势力与美国政府激烈争夺美国国家货币发行权和货币政策的利益之争。在南北战争的100多年时间里,双方在美国中央银行系统的建立这个金融制高点上进行反复的殊死搏斗,前后共有7位美国总统因此被刺杀,多位国会议员丧命。

1913年,美国联邦储备银行系统的成立,标志着国际银行家取得了决定性的胜利。

6.林肯之后的货币市场

1865年林肯遇刺后,货币兑换商的目标是集中控制美国的金融业,这并非易事。随着美国西部的开发,大量的白银被开采。最重要的是,林肯在位时发行的美钞受到了普遍的欢迎,其存在已将潘多拉盒子打开——市民越来越习惯于政府发放的无负债的货币。

尽管欧洲中央银行家处心积虑地攻击美钞,但内战结束之后,美钞仍然继续在美国流通,很多人开始讨论复兴林肯对国家货币体系的试验型改革。没有了欧洲货币信托的介入,该体制将毫无疑问地成为一个既定的体制。

事实很清楚,美国通过发行无负债的货币对整个欧洲的私有中央银行中坚分子发起了冲击。他们充满恐惧地看到,美国人开始呼吁发行更多的美钞(美国南北战争时发行的不兑现纸币)。

1866年4月12日,差不多在林肯遇刺1年之后,国会开始屈服于欧洲中央银行家的利益，它通过了紧缩法令，授权财政部使绿币退出流通，并紧缩货币供给。

如果如林肯总统所希望的那样，绿币法令得以继续，那么内战之后的衰退将不会发生。但事实恰好相反，绿币的退出造成了一系列的货币恐慌，我们称为衰退。正是衰退迫使国会通过一些法令来将银行系统置于中央控制之下。最终，在1913年9月23日，通过了联邦储备法令。

换句话说，放贷者想要实现两件事情：在他们单独控制下重新建立一个私立的中央银行，由他们的黄金做财力支持发行美元通货。

他们的策略是双重的：

第一，引发一系列的恐慌来试图使美国人民相信现存的分散式的银行系统没有起作用，并且只有中央控制下的货币供给才能保障经济稳定。

第二，从该体系中移走如此多的货币以至大多数美国人彻底贫穷，而他们或者没有足够的耐心去为改革而奋斗，或者太脆弱而不能反对银行家，因为如果银行家实施他们的计划，他们将为美国人民促进经济的恢复。

总而言之，就是使美国人相信他们为了获得短期经济恢复而冒长期危险是值得的。

1866年，美国有18亿美元的货币——大约人均50.46美元。仅在1867年，就有5亿美元的货币从美国货币供应中抽走。1876年，美国的货币供给减少到只有6亿美元。换言之，2/3的美国货币被银行家回收，只有人均14.60美元的货币在流通。

10年之后，货币供给更是被削减到只有4亿美元，尽管当时人口正在呈爆炸式增长。这样的结果是只有人均6.67美元的货币在流通，在过去的20年中，这个数字减少了84%，人们经受了可怕的严重衰退。

今天，银行资助的经济学家试图推销他们的观点，那就是衰退和萧条是他们称为"经济周期"的一个自然组成部分。一位经济学家竟然试图解释经济周期与太阳黑子有关！而事实是，现在的货币供给完全被操纵，就像是内战之后的情形由尼古拉斯·比德尔控制一样。

货币是怎么变得这么稀缺的呢？原因很简单，银行贷款回收而且没有发放新贷款。另外，数百万美元和银币被销毁与熔化。

1869年3月18日，国会在这些银行家的要求下，通过了信用加强法。该法案规定内战期间以美元购买的美国债券，如果银行家已经以3.5折进行了兑换，现在就必须按黄金价值进行全值偿还。这意味着财政部向银行家支付的钱，要比银行家为股票和应付利息而支付的钱多5亿美元。这是一笔巨大的数额，相当于现在的50亿美元，从财政部转移到银行家的账上。从那以后，这些银行家的势力在美国就得到了强烈的扩张。

1872年，英国银行给了一个叫斯奈德·欧内斯特的人10万英镑（那时相当于500万美元），让他到美国贿赂重要的国会议员，以减少银子的使用进而减少未来的货币供应量。英国银行还告诉他，如果这些钱不够，可以再取10万英镑，如果有必要的话，还可以更多。第二年，国会通过了1873年的金属货币法规，银元铸造厂停止铸造银元。

实际上，在议院提出该法案的塞缪尔·霍普承认，是斯奈德先生起草了该法案，只不过没有塞缪尔提出的更完善。1874年，斯奈德自己也承认是他策划的该法案："我是在1872—1873年的冬天去的美国，被授权来保证减少银元使用法案的通过。如果我能做到，就能为那些我所代表的希望该法案通过的英国银行管理者们带来好处。"

1871—1873年，国际银行家在德国完成了对银的废止流通。拉丁货币联盟（法国、意大利、比利时、瑞士）在1873—1874年、斯堪迪纳维亚联盟（丹麦、挪威、瑞典）在1875—1876年、荷兰在1875—1876年都完成了这种转变。在短短5年的时间里，金本位制在全世界被推广，中国是唯一的重大例外。

但是，美国货币控制权的争夺还没有结束。1876年，1/3的美国人失业，人口也在不安中膨胀。人们都向往回到过去林肯建立的美元体系或者银本位制,只要使钱变得充足就行。一个美元党派获得了超过100万的选票后发展起来,他们开始为银本位制的复位做准备。

那年,议会组建了美国银质委员会,他们的报告清晰地指责了银行家的货币收缩行为。报告中将战后国家资本家蓄谋的货币收缩和罗马帝国的衰落加以比较,这使得报告看上去很有趣。

"黑暗年代给我们带来的灾难是由于货币发行的减少和价格的下降……没有货币,文明不会开始,供给减少,文明会减退,除非重新恢复,否则会消亡。"

尽管白银委员会出示了这项报告,但国会仍没有采取行动。1987年,从匹兹堡到芝加哥都发生了暴动,饥饿的破坏者的火炬点亮了天空。银行家们草率地为他们的下一步行动作出了决定,他们要拼死抵抗。现在,他们重新掌握了美国的钱,他们不会放弃。在那年的美国银行家协会上,他们强迫其成员尽其能力来放弃向美元回归的念头。美国银行家协会秘书詹姆斯写了一封信给其成员,大肆呼吁各银行不仅要搅乱国会,还要对付媒体。

"尽你们的权力所及来支持这种卓越的日报和周报,特别是农业和宗教新闻,这是十分明智的。因为这会抵制纸币美元的发行,你们也可以获得那些不愿意反对政府发行美元的申请者们的赞助……废除发行银行债券的法案,或者是重新使用政府对货币的发行额,都会向人们提供货币,因此会严重影响我们这些银行家和放款人的个人利益。马上审视一下你们的国会,让它来维护我们可以控制立法的权益。"

由于国会的政治压力发生了改变,受银行指示的媒体试图掩盖真相,蒙蔽美国人民。纽约论坛在1878年1月10日这样报道:"最终筹集到了国家资本(例如国家银行),我们将要看看国会是否敢轻举妄动。"但这也完全没起作用。

1878年2月28日,国会通过了希尔曼法案,允许铸造限定数量的银元,结果导致了5年的货币脱节。但是这并没有结束货币向金币的回归,也没有完全解放银。在1873年以前,任何向美国造币厂提供银的人,都可以无需支付费用将其兑换成银元。现在这种情况不再出现了,但至少一些银元开始再次回流到经济社会中。在政治压力下,银行家暂时放松了贷款,经济萧条终于结束了。

3年后,美国人民选举共和党人詹姆斯·加菲尔德为总统。詹姆斯·加菲尔德了解经济社会是如何被操纵的。作为一个国会成员,他曾经是拨款委员会主席,也是银行货币委员会的一员。1881年,在就职典礼之后,他公然对货币兑换商们进行了猛烈抨击:"在任何国家,任何控制着货币量的人都毫无疑问控制着所有的工业和商业……当你们意识到,无论如何,这个体系都很容易被一些上层权势之人所掌控,那么,你们将会知道通货膨胀和经济萧条期是如何起源的。"在此言论发表了几周后,即1881年7月2日,詹姆斯·加菲尔德总统遭到了暗杀。

7.内战期间的繁荣——华尔街银行

尽管联邦政府非常果断地采用绿钞应对各项开支,还要求民众将这种货币当作法定货币流通,但政府本身却不允许人们用绿钞来交税。税金只能用黄金支付,国际贸易继续严格遵照金本位制。

当然,这意味着人们需要想出一种办法将绿钞兑换成金子。联邦政府要求绿钞按面值与黄金进行兑换,这个要求与经济现状不符,因此无人理会。纽约证券交易所委员会不久便开始进行黄金交易,但是,用绿钞

第二章
银行业王朝：繁荣与衰弱

来衡量的黄金价格通常与联邦军队的运气成反比，交易所委员据此认为黄金的交易行为不够"爱国"，便在下一年停止了黄金交易。

在百老汇大街两侧卖股票的经纪人组建了一个"吉尔平新闻工作室"，以此作为交易所来进行黄金交易。任何人只要愿意支付25美元的年费就可以参加这个地方的交易活动。一些大商人在生意往来中需要黄金或者想要防止绿钞价格的波动，就会加入吉尔平工作室。另外，还有几百名投机商也想从一场为国家的存在而战的战争起伏中大赚一笔。这些投机商为了在黄金投机上获利，经常无情地把赌注押在北方军失利一边，所以，人们都很鄙视他们，称他们为"李将军在华尔街的左路军"。亚伯拉罕·林肯甚至公开诅咒"所有这些罪恶的脑袋都应该被砍掉"。

投机商对于别人的评价毫不在乎，有很多钱等着他们凭运气或远见去挣呢！为了确保自己的预测是正确的，他们用尽各种手段。投机商们经常在北方军和南方军中同时安插为自己刺探消息的代理人，所以，他们常常比华盛顿方面消息更为灵通，华尔街就是先于林肯总统知道葛底斯堡战役的结果的。

受1857年大崩溃影响而倒闭的矿业交易所在1870年重新开业，而且很快便开始大量交易诸如乌拉古尔奇黄金开采及加工公司之类的股票。石油交易所也于1865年成立。当时，为开发宾夕法尼亚州油田而成立的公司如雨后春笋般冒出来，石油交易所就是用来进行这些公司股票的交易的。这些新成立的交易所中，最重要的一家交易所——煤洞交易所，起初只在一间很不起眼的地下室营业，但它的交易额很快就超过了纽约证券交易所，并在1864年重组为公开经纪人交易所。它抛弃了原先证券交易所惯用的那种坐在自己席位上的拍卖方式，采取连续竞价的拍卖方式，经纪人可以在大厅指定的交易柱(这来源于百老汇街的路边交易市场的交易方式，在那里，交易商们聚集在不同的街灯灯柱下进行股票交易)位置同时进行各种证券的交易。

金　融　硝　烟
Financial smoke

内战之后,美国经济突飞猛进,货币和银行管理体系的发展已跟不上经济发展的步伐。尽管美国这些年已经成为世界头号经济强国,而且经济实力足以与整个欧洲比肩,但美国仍然没有中央银行,自然也就不存在国家货币供应体系。虽然繁荣的经济与杰斐逊设想的自耕农经济完全不同,但托马斯·杰斐逊对银行的仇恨之情仍旧久散不去。

最初,州立特许银行被剥夺银行券发行权的时候差一点儿全军覆没,此时,它们却东山再起。内战末期,州立特许银行的数量不超过200家,1900年,这类银行已达到4405家,其中大部分规模小、财力弱。新的国家银行体系在东北部运转良好。东北部的经济实力在全国处于领先地位,流动资金也最为充足。南部和西部的许多地方资源缺乏,达不到国家特许状的要求,密西西比州以及佛罗里达州之间压根儿就没有国家银行。更糟糕的是,国家银行不允许抵押房地产来借款,而房地产是这些地区唯一"丰富"的资产。

那时,国家银行都不允许设立分行,也不能跨州经营,所以,一时数量剧增,到19世纪之交增加到了3731家。国家银行要比州立银行大得多,财力也雄厚得多,但国家银行常常要依赖当地的经济发展。大规模和多样化是美国经济的一大特点,然而,国内其他行业都必须与之打交道的银行业却不具备这一特点。事实证明,这是一个几乎致命的不足。

1863年,纽约证券交易委员会更名为纽约证券交易所,这个名字一直沿用至今。交易所继续沿用每日两次坐在自己席位上进行拍卖的方式。由于没有足够的空间,各种新的交易被迫挪到大街上进行。为了解决这个问题,华尔街建立了新的交易所来进行这些交易活动,但同时,街头股票交易也发展迅猛。

1864年6月17日,国会颁布法令,规定在经纪人办公室以外的任何地方买卖黄金都属非法。这条法令除了关闭吉尔平工作室并将交易者驱赶到大街上之外,产生的一个主要影响就是拉大了黄金和绿钞之间的差价（葛底斯堡战役之前，287美元的绿钞可兑换100美元的黄金，这时的差价达到了最高点）。这个法令在两周后被撤销，吉尔平工作室重新开门营业。

那年秋天，华尔街中的几个人，包括当时非常年轻的J·P.摩根和利维·P.莫顿(后来当选为纽约州州长以及本杰明·哈里森政府的副总统)创建了纽约黄金交易所。交易大厅的尽头是一个巨大的钟形标度盘，上面只有一个指针，用来显示黄金的当前价格。虽然黄金交易所已经比先前杂乱无序、充满投机的吉尔平工作室(它在交易所营业之后就关门了)进步了很多，但对于那些心脏或神经比较脆弱的人来说，这个地方依然令他们望而却步。

华尔街在内战期间的繁荣程度超出了人们的预计，尽管内战爆发引起了恐慌，而且每一场战役突然爆发后都会如此，但华尔街的交易量——证券交易量却大幅提高。当国家债务上升了1/40的时候，债券的交易也活跃起来。另外，政府的大部分支出将流向铸铁厂、枪炮厂、铁路电报公司及纺织和制鞋商那边，而这些公司产生的利润将流入华尔街，与此同时，它们也要从华尔街获得急需的资本。

不久以后，华尔街出现了有史以来最大规模的一次商业扩张，迅速发展成为世界第二大证券市场，仅次于伦敦证券市场。在接下来的几年中，华尔街的财富不断增加。1864年，年仅27岁的J·P.摩根税后收入为53287美元，这是一个熟练技工一年收入的5倍。交易所的经纪人忙起来根本顾不上吃饭，所以设立了一个午餐台专门给他们提供快餐，这比他们回家吃饭要节约不少时间。可见，快餐可能是美国内战遗留下来的重要产物。

1865年，华尔街年交易额超过60亿，很多经纪人一天的佣金收入就有800~10000美元，全民都加入这个行业之中，办公室挤满了人……纽约达到空前的繁荣。百老汇停满了车，时尚女装经销商、服装生产商和珠宝

商都赚得盆满钵满。周末的第五大道和平日的中央公园都会举行各种盛
大精彩的露天表演,从来都没有如此丰盛的晚宴、隆重的招待会和华丽
的舞会,城市的大道被各种奢华的物品装点。

8.投资银行业的轮回与新起点

百年华尔街的主流是由摩根、高盛这些古老的名字主宰的。这些历
史悠久的权势集团见证了一个金融帝国的起伏跌宕,他们的一举一动都
操控着价值上百亿美元的大宗并购,影响着商业巨头、企业财团的重大
商业决策。尤其是20世纪后半期以来,随着全球化和金融市场一体化的
浪潮,这些金融巨擘的手更是时不时地掀起资本市场的惊涛骇浪,成为
无数聪明而野心勃勃的年轻人顶礼膜拜、争相追逐的对象。除了高定服
装、拉菲、私人会所这些常被街头小报过度渲染的浮华外,常青藤名校、
不知疲倦的高强度工作、冷静乃至冷酷的快速决策、操控巨额资金和企
业生死的快感可能是这个行业更贴切的肖像。

这个群体有个共同的名字——"投资银行家"。理解现代金融资本市
场,从理解华尔街的投资银行开始。

独立战争结束的时候,联邦政府面对的是个债务缠身的烂摊子,为
战争欠下的各类负债高达2700万美元,支付货币五花八门。为了改善混
乱脆弱的财政状况,33岁的财政部长汉密尔顿设计了一个大胆的方案:
以美国政府的信用为担保,统一发行新的国债来偿还各种旧债。

投资银行业务始于有价证券的承销

第二章
银行业王朝：繁荣与衰弱

在300多年前，这种现代最司空见惯的"以旧换新"的债券融资实属超前妄为。为了使得债券的发行筹资顺利进行，大量的"捐客"涌入，充当发行人（政府）和投资者之间的桥梁——他们寻找投资者，并负责将债券以特定的价格卖给投资者。这些人中，有传统的银行家，有投机商，也有形形色色的交易者。这些"捐客"在债券发行的条件甚至定价方面都起着重要的作用。

债券市场的发展为新生的美国提供了强大的资金支持，经济活动以一日千里的速度发展，反过来又推动了资本市场的空前活跃。在这个过程中，新大陆第一代"投资银行家"的雏形开始形成。

在随后的几十年里，美国版图不断扩大，经济的快速增长对交通运输的需求使得开凿运河和修建铁路成为最迫切的需要。单独的企业、个人显然没有能力承担这些大型项目，面对公众的筹资（IPO）和股份公司由此走上历史舞台，现代意义上的投资银行业就此拉开帷幕——早期的投资银行家们通过为承销有价证券，将投资者手中的财富集聚起来，为实业家们提供项目融资。

初生的美利坚合众国很快就看到了金融资本对实体经济发展的巨大推动力：美国以超乎想象的速度完成了工业化进程，培育了像卡耐基钢铁公司这样的超级企业。到1900年，美国已经取代英国成为世界第一经济强国。

可能连汉密尔顿都没有想到，他的这一设计使得美利坚合众国的发展从一开始就带着金融资本的基因，并创造了一个至今未衰的金融资本时代。那些从承销债券、股票和各种票据起家并累积了大量财富和人脉的金融家们，从此在世界历史的舞台上翻云覆雨。

J·P.摩根带来了企业并购重组

铁路的发展产生了第一批现代股份制企业——企业的所有者（股东）和经营者（管理层）分离。虽然股份制公司在项目融资上的好处显而易见，但在缺乏有效公司治理和法律监管的情况下,铁路股票的发行成了一夜暴富的投机工具,千奇百怪的铁路公司资本结构、恶性的重复建设和价格战使得19世纪中后期的铁路工业成为名副其实的蛮荒丛林,全国大大小小的铁路公司有几百上千家,它们混乱无序地横贯着新大陆。

J·P.摩根的出现改变了这一切。有着新英格兰贵族血统的摩根是华尔街传奇的标志。他高大稳重,头发一丝不苟地向后梳,露出宽阔的额头和一双像鹰隼一样炯炯的眼睛。好莱坞最经典的商战片《华尔街》(1987)中,道格拉斯饰演的戈登·盖柯就梳着摩根式的大背头。这个发型后来受到无数人的追捧,被视为华尔街的标志性形象。

进入华尔街后,J·P.摩根开始着手一项整合美国铁路系统的计划。他出面策划了一系列的公司并购和重组,通过并购重组,效益低下的小公司以合理的价格被收购,而大的铁路公司实力大为增强,美国的铁路行业进入了一个前所未有的良性有序的经营时代。纽约中央铁路、宾夕法尼亚铁路、巴尔的摩铁路、伊利铁路等枢纽干线和其支线逐渐形成一张铁路网,使得这个辽阔大陆成为一个统一的经济体,开创了不可置信的繁荣时代。

1900年,摩根再次出面组织巨型财团,开始对美国的钢铁行业进行并购重组。1年后,资本金达到14亿美元的美国钢铁公司成立,而当年美国全国的财政预算也不过5亿美元左右。得益于规模经济和专业分工的巨大优势,美国钢铁公司迅速成为国际钢铁业的垄断者,一度控制了美国钢产量的65%,左右着全球钢铁的生产和价格。

资本对于实体经济的作用日益显著。作为金融市场和产业发展之间最重要的媒介,投资银行家在美国经济生活中的分量举足轻重,企业资产并购重组从此成为投资银行业务的重头戏之一。

1933年是个分水岭:投资银行和商业银行的分离

19世纪末20世纪初,华尔街实现了第一次腾飞。经济的持续增长和

第二章
银行业王朝：繁荣与衰弱

资本市场的持续繁荣让华尔街成了名副其实的金矿。这一时期,金融巨头们扮演着上帝的角色,他们是最大的商业银行,吸收了大部分的居民存款,同时,他们又是最大的投资银行家,垄断着证券承销经纪、企业融资、企业兼并收购这些利润丰厚的"传统项目"。由于没有任何法律监管的要求,商业银行的存款资金常常会以内部资金的方式流入投资银行部门的承销业务。巨额的资金很容易催生股市泡沫,然后引发更大的资金流入。然而,一旦股市动荡或者有债务违约,储户的资金安全就会受到很大的威胁。

1929年10月开始的经济危机导致大规模的股市崩盘和银行倒闭(没错,就是你小时候听说过的万恶的资本家宁可将牛奶倒掉也不肯救济穷人的那个经济危机),许多普通家庭的储蓄一夜之间化为乌有。为了稳定资本市场,防止证券交易中的欺诈和操纵行为,保障存款人的资产安全,美国国会在1933年6月1日出台了至今影响深远的《格拉斯–斯蒂格尔法案》(正式官方名字是《1933年银行法》),规定银行只能选择从事储蓄业务(商业银行)或者是承销投资业务(投资银行)。这也意味着商业银行被证券发行承销拒之门外,而投资银行不再允许吸收储户存款。根据法案,J·P.摩根被迫将自己的投资业务部门分离出来,成立了摩根斯坦利公司。紧接着,第一波士顿公司正式成立,雷曼兄弟、高盛都选择了他们擅长的投资银行业务。"投资银行"这个名字正式进入金融行业的辞典中,现代投资银行业的历史之门从此开启。

时代变了,投资银行需要变化

对于刚刚独立的投资银行业来说,1930—1950年算得上是生不逢时。大萧条的余悸犹在,市场冷冷清清,罗斯福政府和杜鲁门政府显然对在资本市场"兴风作浪"的金融冒险家没有太多好感,政府对银行证券业的监管一再加强。幸好战争的爆发催生了大量资金需求,国债和国库券的发行让投资银行业度过了这一段艰难的日子。为了生存,投资银行家们甚至只得屈尊进入不那么"上流"的证券零售经纪业务。在此期间,以零售经纪业务为主的美林证券迅速崛起。

随着战后美国工业化和城镇化的高潮,20世纪60年代的华尔街迎来自己的又一个黄金时代,承销和并购业务源源而来。与此同时,社会财富的急速累积催生了大量共同基金。随着养老保险制度的建立,养老基金也开始大量进入市场,人寿保险公司的资金实力在同一时期也快速发展,机构投资者在市场上开始形成巨大的买方力量。随着资金量的增长,买方渐渐不再满足投行所提供的单调的权益证券和固定收益证券。不同风格的机构投资者对风险敞口,风险收益和投资组合提出了更多的不同要求,投资银行家们必须适应这一趋势,开发新的金融产品成了其生存所需要的技能。

交易导向型的投资银行和金融创新

直到20世纪70年代,证券承销(尤其是IPO)仍是投行的主营业务,做顶级承销商仍是这个行业至高无上的荣誉。不过,时代的风向已经开始变化,客户导向型的投资银行开始向交易导向型的金融服务商转变。

交易需求有时候来自客户。比如,为了保证自己承销的各种证券(股票、债券、票据、期货、期权)流动性,投行需要在二级市场上为它们"造市"。另外,投行的大客户(包括企业和各种机构投资者)也常常要求投行帮助他们买入或者出售大宗证券。通过这种频繁的买入卖出,投行赚取交易的"买卖价差",同时也极大地增加了市场的流动性。

另外的交易需求来自自营业务。早期的投行主要是金融行业的"卖方",即帮助企业出售金融资产来募集资金。以零售经纪业务起家的美林公司在1971年成为华尔街第一家上市的投行后,摩根斯坦利和高盛也逐渐打破行业惯例,成为公众公司。投行的资本金因此普遍大幅提高,催生了自营账户资产管理的需要。另一方面,随着财富的积累,客户方也越来越多地对投行提出了资产管理的业务要求,这些传统的"买方"业务(如何用资金购买合适的金融资产）渐渐演变成投行业务的重要组成部分。到20世纪90年代中期，曾经独领风骚的承销和佣金收入已经下降到美国整个投行业收入的25%不到，而以各种有价证券交易为主的自营业务和资产管理业务收入则上升到50%以上。

金融产品的日渐增多和投资者结构的日渐复杂，以及市场的波动性，成为华尔街的最大困扰。保守型的养老基金和保险公司是债券市场最大的客户，他们对于债权人的财务状况日益谨慎，对资金的安全提出了更高的要求。利率掉期（指两个主体之间签订一份协议，约定一方与另一方在规定时期内的一系列时点上按照事先敲定的规则交换一笔借款，本金相同，只不过一方提供浮动利率，另一方提供固定利率）因此被运用在债券市场上来对抗利率风险。接着，货币掉期（指两笔金额相同、期限相同、计算利率方法相同但货币不同的债务资金之间的调换，同时也进行不同利息额的货币调换）也开始被运用在跨国的债券交易中来抵御汇率风险。

另一项影响更为深远的金融创新则是资产证券化。20世纪60年代后期，美国快速增长的中产阶级对自有房产的需求带动了房产的抵押贷款。为了满足不断扩大的房贷资金需求，两大房产抵押机构"房利美"和"房地美"（又称"联邦国民抵押贷款协会"和"政府抵押贷款协会"）需要更多的筹资手段。银行家们因此设计出一种叫"转手证券"的衍生产品。这种债券的发行用住房抵押贷款的利息来偿付债券人。如此一来，整个房地产借贷市场的流动性大为改善，直接带动了房产和债券市场的双重繁荣。

这个被称为"证券化"的金融工具迅速流行起来，任何债券、项目、应收账款、收费类资产甚至版税收入都可以通过证券化的形式获得融资。在随后的几十年中，林林总总的商业机构，形形色色的投资者，还有投资银行家们，都以前所未有的热情投入到证券化的浪潮中。华尔街因此产生了一句谚语，叫"如果你有一个稳定的现金流，就将它证券化"。和证券化有关的各类产品良莠不齐，纷纷粉墨登场。（一句题外话，2007年引起全球金融海啸的次贷产品，本质上也是证券化的一个产物。）

时代在变化，一杯威士忌，一根雪茄，个人魅力主宰的投资银行将要渐渐从历史舞台隐退，更为专业化、技术化、数量化的时代即将来临。

在撒切尔夫人强硬的自由主义的执政理念下，20世纪80年代的英国首先实施了被称为"大爆炸"的金融改革——分业经营的限制被打破，金融保护主义结束，固定佣金制被取消。华尔街突然发现，伦敦又成了自己可怕的敌人。尤其在国际债券市场上，伦敦交易所已经占据了先机，浮动利率票据、部分支付债券、可替换债券……眼花缭乱的品种被开发出来，满足了投融资多样化的需求。紧接着，日本、加拿大等国家纷纷放松金融管制。

罗纳德·里根的上台终于让华尔街的银行家们松了一口气。规定了利率上限的Q条款被取消，利率彻底市场化，415条款的实施加快了证券发行的程序，银行跨州经营的限制被打破，储蓄机构被有条件地允许进行全能银行业务。金融改革10年的成效很快就会体现出来。

美国国内市场上，"垃圾债券"和杠杆收购给了传统的投资银行业务大展宏图的机会。陷入财务困境的企业的债券通常被称为"垃圾债券"。长期以来，它们在市场上乏人问津，因此价格极低。一个叫迈克尔·密尔肯的投资银行家意识到，这些看上去一文不值的债券的收益率已经远远超过风险补偿所需要的回报率，没有比这更好的投资机会了。更重要的是，对于那些缺乏现金流的新技术公司（通信、信息、生物医药等）来说，可以通过发行垃圾债券给风险偏好的投资者来融资。在资本的助力下，新兴的产业快速发展，创新成为美国公司的标志，美国有线新闻网（CNN）正是这一金融产品的代表作之一。

此外，曾在20世纪六七十年代风靡一时的集团公司开始显现出"大而无当"的趋势,由管理层主导的私有化风潮席卷了整个企业界。在这波被称为杠杠收购的热潮中,垃圾债券充当了管理层最好的朋友——通过发行垃圾债券融资,然后收购公司股权,公司成为高负债的非上市企业。投资银行家们大显身手,他们收取比普通债券的价格高两倍以上的高额承销费用,抽取巨额佣金,同时利用自己的信息优势在市场交易中翻手为云、覆手为雨。

这像是一个黄金遍地的时代,华尔街的投资银行家们发现自己成了全球金融自由化的宠儿。旨在发展中国家债务重组的可转换债券(布雷迪债券)的发行创造了一个庞大的新兴市场,东欧、亚洲和拉丁美洲国企私有化的浪潮急切地需要投行的牵针引线。更令人心跳加速的是,在美国之外的其他主要资本市场上, 投行发现自己不再受到分业经营的限制。全球化提供了前所未有的舞台,银行家们成了无所不能的上帝:从兼并收购到资产管理,从财务咨询到证券清算,从承销发行到资金借贷,从权益产品到固定收益产品,从大宗商品到衍生品……

20世纪八九十年代的投行毫无疑问是金融行业的主宰。

投行文化与MBA的兴起

高盛和摩根斯坦利这样的公司已经将触角伸到了世界的每个角落,他们所代表的投行精英文化也随之为世界所熟知。高盛在20世纪60年代首开招收MBA(工商管理硕士)学生的先例。哈佛、沃顿、芝加哥、哥伦比亚、斯坦福……顶尖名校的最优秀的学生被招募进投行。在华尔街,时间比金钱宝贵,投行不吝为他们的员工提供最好的物质享受。一方面,年轻的银行家们衣冠楚楚,乘头等舱,住奢华的酒店;另一方面,他们每天睡四五个小时,疯狂地工作,在全球各地飞来飞去,却没有时间和闲情逸致欣赏一下当地的风景。

极富诱惑力的薪酬,和各界甚至各国商业精英接触合作的机会,和最聪明的人共事的挑战性, 这一切都吸引着更多野心勃勃的年轻人加入。MBA项目像雨后春笋一样在全球的商学院被推广开来,常青藤名校的入门券成为通往成功的魔力杖。有趣的是,中国一直讲究"书中自有黄金屋,书中自有颜如玉",这种古老的东方价值观和最"资本主义"的华尔街精神竟然以一种奇怪的方式被融合在一起。

20世纪八九十年代是投资银行家记忆深刻的一段时光,有关金钱的的传奇不断涌现,华尔街的纸醉金迷、衣香鬓影也成为这个浮华时代的一个素描像。在巨大的金钱诱惑前,关于道德的拷问也在不断涌现。

全能银行再现江湖

当投资银行开始主宰华尔街金融业时,一旁的商业银行却饱受着"金融脱媒"的煎熬。直接融资市场的发达造成了大量银行客户的流失,商业贷款客户涌入债券和股票市场进行直接融资,垃圾债券和其他担保性融资产品又进一步将信用等级稍逊的企业客户瓜分。接下来,存款客户也开始流失,共同基金、对冲基金、养老基金、股权私募投资、大宗商品交易市场、贴身服务的高净值个人服务……投资者可以根据自己的风险承受能力和偏好追求更好的风险收益,传统的存款业务不再有往日的吸引力。美国商业银行资产负债表的两边因此迅速枯萎。

与此同时,欧洲的金融自由化催生出大批金融巨头。通过大规模的兼并收购,巴克莱、德意志银行、瑞银集团都成为兼营储蓄业务和投行业务的全能银行。美国商业银行如坐针毡,要求突破分业经营的诉求一天比一天强烈。华尔街在华盛顿的游说团队在20世纪90年代达到鼎盛状态。作为绕开金融管制的组织机构创新,金融控股公司成为商业银行的首选。大银行纷纷通过兼并收购转型成控股公司,由下设的证券机构主理投行业务,20世纪90年代的金融业并购风潮由此而来。1989年,J·P·摩根重返阔别半个世纪的投资银行业,2000年与大通曼哈顿银行合并,成为最大的金融控股公司之一。不知不觉间,形形色色的金融创新和金融机构的全球化运作已经突破了《格拉斯-斯蒂格尔法案》的藩篱。

第二章
银行业王朝：繁荣与衰弱

1999年，在克林顿政府的主导下，《现代金融服务法》通过，长达半个世纪的分业经营终于落下了帷幕。从此，银行可以通过金融控股公司从事任何类型的金融业务，新的全能银行顶着"金融控股公司"的名字再现江湖。"投资银行"独占证券市场的时光结束了，金融业正式进入"春秋战国"时代。

次贷狂热

21世纪初的华尔街遭遇了异常寒冷的冬天。首先是"硅谷"+"华尔街"联合出品的高科技狂潮在世纪相交的时候退去，纳斯达克的狂泻将全国的股市拖入深渊。经济疲软还没有看到尽头，2001年"9·11"恐怖袭击再次重创美国。自1914年以来，纽约证交所第一次关闭长达4天之久，重开的市场一蹶不振。然而，华尔街的劫数还没有完，安然公司和世通公司先后爆出财务丑闻，最终宣布破产。投资者发现，这些被投资银行家们誉为"最安全可靠"的公司财务报表基本上全是谎言，市场对华尔街的信心降到了冰点，美国经济也进入了第二次世界大战后最萧索的一个时期。

为了尽快走出经济衰退，小布什政府决定进行强势的经济干预：调整税收制度，联储大幅降息，出台系列政策鼓励提高美国家庭住房拥有率。到2004年，名义利率已经从2001年的3.5%降至1%，低于通货膨胀水平。历史罕见的"负利率时代"激发了人们投资的欲望，而同期的《美国梦首付法案》则为中低收入家庭打开了住房贷款的大门。

20世纪70年代创造的"抵押贷款证券化"在这个时期大显身手——投资银行将住房抵押贷款分割成不同等级的担保债券，在市场上开始大量出售，源源不断地为抵押贷款提供充足的资金。同时，担保债务的信用违约产品被开发出来对担保债券进行风险对冲。房价的不断上升使得担保债券的回报率越来越高，丰厚的利润让银行笑逐颜开，于是，更多的没有经过审慎审核的抵押贷款发放出去，然后被迅速证券化，投放到市场上。

担保债券不断攀升的回报率吸引了善于利用对冲基金的其他金融组织(没错,你所熟悉的索罗斯就是著名的对冲基金管理人)。激进的对冲基金急切地要求承担额外风险,追逐高额利润。贷款人对市场扩大的渴望和投资者试图追求更高收益的需求创造了双重的压力——一些低收入的或者有不良信用记录的购房者也得到了贷款,这就是次级住房抵押贷款("次贷")的由来。一直在攀升的房产价格掩盖了次贷低信用的本质,对冲基金纷纷通过杠杆融资,反复向银行抵押担保债券,并将获得的资金再度投入担保债券市场,越来越长的产品链条牵引着市场的狂欢。在2004—2005年的华尔街盛宴中,收益率主宰了一切,"次级贷款"的高违约风险暂时被选择性遗忘了。

2006年6月,全美房价指数创下了历史纪录,同年年底,华尔街各大投行的营业收入和奖金水平都达到了历史新高,丰厚的利润让人感觉歌舞升平的好日子似乎将永无止境。

贝尔斯登之死

在这场次贷的狂欢中,成立于1923年的华尔街投行贝尔斯登格外引人注目。和高盛、摩根斯坦利注重学历、血统的传统不一样,贝尔斯登奉行的是一种叫"PSD"的文化——P指贫穷(poor),S指聪明(smart),D指有强烈的赚钱欲望(deep)。基于这样的企业文化,贝尔斯登在次贷抵押贷款的承销和以次贷相关衍生品的对冲交易中格外激进,在住房抵押贷款的复杂信用衍生产品上,基金经理人频繁使用几十倍的超高杠杆率以获得更高收益。

就像经典影片《华尔街》中道格拉斯所说的:"这一行需要聪明的穷人,要够饥渴,还要冷血,有输有赢,但要不断奋战下去。"

2004年上半年开始,世界原油和大宗商品的价格大幅上涨,美国国内通货膨胀压力陡增,美联储连续17次上调利率,抵押贷款的成本不断攀升。然而，市场仍然沉浸在"大萧条以来美国房产从不下跌"的美梦中不愿意醒来。

越来越大的泡沫终于破灭了。2006年的夏天，房产价格突然回落，一切都改变了。次贷的房主们发现自己陷入了资不抵债的境地，债务违约成为不可避免的结局，大量基于次贷的信用产品和衍生产品忽然丧失了流动性，400多家经营次贷业务的金融机构倒闭，信用机构调低债券评级……多米诺骨牌式的崩溃开始了。

为了挽回损失，贝尔斯登旗下的对冲基金提高了自己的杠杆率。然而，市场持续的下跌使得贝尔斯登的努力化为灰烬。到2007年6月，贝尔斯登这个手握全球数万亿美金衍生产品合约交易的公司已经深陷巨额亏损不能自拔。尽管包括摩根大通、高盛、美国银行在内的多家金融机构联手出资32亿美金试图挽救贝尔斯登，但破产的命运终究无法避免。到2008年3月的时候，贝尔斯登的流动性问题已经病入膏肓。为了避免给已经脆弱不堪的市场带来过度系统性风险，美联储和摩根大通银行开始联合出手救助。仅仅两天后，已经丧失谈判筹码的贝尔斯登被迫接受摩根大通2美元一股的报价——一个多月前，这个价格是93美元。

85岁的贝尔斯登消失了，华尔街第五大投行轰然倒下，投行历史的新一幕拉开。

危机过后——投行新世界

经过20世纪90年代以来的金融业的兼并收购潮，华尔街的专业型投资银行失去了其在传统业务（承销、并购和经纪业务等）上的垄断性优势。由于不能开展储蓄业务，为了获得和商业银行转型的全能银行一样的净资产收益率，投行只能借助于两大法宝：一是没有监管、没有上限的杠杆率，二是实施高杠杆率的自营业务。这种趋势使得投行从金融顾问中介机构渐渐转型为实际上的对冲基金和私募股权基金。贝尔斯登正是这种趋势下激进策略的牺牲品。不幸的是，其他的投资银行也面临着和贝尔斯登相似的困境。

市场高涨的时候,杠杆率是天使;市场崩溃的时候,杠杆率却变成魔鬼。和贝尔斯登一样,过高的杠杆率和庞大的次贷业务拖垮了另一家大型投资银行——有着150年历史的雷曼兄弟。更让人沮丧的是,公众开始厌倦和质疑政府对华尔街的救助,雷曼无法从联储那里取得更大的帮助。2008年9月7日,美国历史上最大的企业破产发生了,市值高达450亿美元、拥有2.8万名员工的雷曼兄弟正式宣布破产保护,全美第四大独立投资银行成为历史名词。

至此,最大的5家独立投资银行还剩下美林证券、高盛和摩根斯坦利。

由次贷开始的市场波动已经演化成了惨烈的噩梦,次贷产品成为垃圾。过去5年的次贷狂热的后果是金融市场变成了一个巨大的次贷垃圾场。到2008年的夏天,华尔街第一家公开上市的投资银行、以零售业务著称的美林证券累计资产减值达520亿美元,美林证券到了生死关头。鉴于贝尔斯登和雷曼的教训,美林证券速战速决,6个小时之内和美国银行(全美最大的零售银行)达成紧急收购协议,美国银行同意以500亿美金的价格收购美林。

独立投行最后的血脉只剩下高盛和摩根斯坦利。高盛是唯一一家在住房抵押贷款类证券上没有过度风险暴露的投行。然而,倾巢之下,岂有完卵?大环境的恶化不可避免地伤害到了以稳健著称的高盛,2008年的高盛出现了历史上的第一次亏损。摩根斯坦利则一直在积极地向外国主权基金寻找资金来源。2007年年底,中国投资有限责任公司以50亿美金的的价格购买了摩根斯坦利9.9%的股权。随着形势的日渐恶化,最后的两家大型独立投行向美联储递交了申请,要求改组为银行控股公司。

这不是一个容易的决定。自1933以来,投资银行一直独立于美联储和其他银行监管机构之外,他们不需要披露资产负债表,杠杆率不受任何监管和控制。这一直是投行最神秘也最犀利的武器。一旦改组成银行控股公司,就像是自由自在的单身汉开始受婚姻的约束。控股公司获得吸收存款的权利,有了稳定的资本金来源,但同时要开始接受美联储、联邦存款保险公司及各级银行监管机构的监管,要符合资本充足率要求,并详细披露自己的资产负债表。

2008年9月21日,美联储正式批准高盛和摩根斯坦利的改组,为期75年的独立投行史画上了句号。历史是个轮回,全能银行的时代又来临了,交易为王的时代仍然没有过去。高盛、摩根斯坦利和他们曾经的对手——摩根大通、美国银行、瑞银、德意志银行——又站在了同一起跑线上。

第三章

通货膨胀：
难以摆脱的"宿命"

1.为什么会出现通货膨胀

通胀为何物？简言之，就是百物腾贵，钱不值钱。

"通货膨胀"这一词语据说是起源于美国南北战争时期。"通货膨胀"最简单的通行定义就是"你所需支付的商品价格上涨"。换句话说，就是钱不值钱，货币的购买力下降。比如，在2005年6元一斤的猪肉，在2012年你需要花13元才能买到一斤，而你的工资涨幅远远没有这么大，这就是通货膨胀。

第三章
通货膨胀:难以摆脱的"宿命"

"通货膨胀就像挤牙膏,一旦挤出来,便很难把它放回去。"前德国央行行长如此形象地说。通胀猛于虎,普通百姓连连叫苦!

众所周知,纸币只是一种纯粹的货币符号,本身没有价值,只是代替金属货币执行流通手段的职能。纸币的发行量应该以流通中所需要的金属货币量为限度,如果纸币的发行量超过了流通中需要的金属货币量,纸币就会贬值,物价就会上涨。因此,纸币发行量过多引起的货币贬值、物价上涨,是造成通货膨胀的首要原因。

但是,实际的经济运行过程是很复杂的,不同的原因可引起具有不同特征的通货膨胀,而且,现实中所出现的通货膨胀往往是由多种因素引起的。

一般来说,通货膨胀有以下几大成因:

第一,新兴市场的崛起使需求大幅增加,从而引起通货膨胀。

随着发展中国家经济的发展和生活水平的提高,人们对商品的需求与日俱增,这会直接刺激物价上扬。也就是说,会出现"太多的货币追逐太少的货物"的情况。如果总需求上升到大于总供给的地步,此时,由于劳动和设备已经充分利用,因而,要使产量再增加已经不可能,过度的需求会引起物价水平的普遍上升。所以,引起总需求增加的任何因素都可能是造成需求拉动型通货膨胀的具体原因,并主要体现在以下几方面:居民生活需求增加,消费上升,使日常消费品价格普遍上涨,并且物价的上涨幅度超过了收入的增加幅度,尤其是农产品以至食品的价格上升。猪肉的价格最能反映当前中国通货膨胀的情况。以往,内地居民对猪肉类制品的需求不大,如今生活富足了,对肉食需求自然上升。据统计显示,发展中国家的肉类,每年人均消耗量为30千克。而美国人光是牛肉,每年每人就能吃掉58千克,加上劳工成本上升,昔日为全球物价降温的世界工厂,反过来成了全球通胀的源头。

第二,成本或供给方面的原因也同样会引起通货膨胀。

主要是由于能源如石油、电、煤等供不应求，原材料如铜、铁、铝等价格上涨，产生了连锁反应，厂商生产成本的增加引起了一般价格总水平的上涨。此外，工资是生产成本的主要部分之一，工资上涨使得生产成本增长，在既定的价格水平下，厂商愿意并且能够供给的数量减少，从而导致商品供不应求，物价上涨。

第三，利润过度增加也会引起利润推进型通货膨胀。

厂商为谋求更大的利润，导致一般价格总水平上涨，与工资推进型通货膨胀一样，具有市场支配力的垄断和寡头厂商可以通过提高产品的价格获得更高的利润。与完全竞争市场相比，不完全竞争市场上的厂商可以通过减少生产数量来提高价格，以便获得更多的利润。为此，厂商都试图成为垄断者，结果引起价格总水平上涨，导致通货膨胀。

一般认为，利润推进型通货膨胀比工资推进型通货膨胀要弱。原因在于，厂商面临着市场需求的制约，提高价格会受到自身要求最大利润的限制，而工会推进货币工资上涨则是越多越好。进口商品价格上涨会引起进口成本推进型通货膨胀。造成成本推进型通货膨胀的另一个重要原因是进口原材料的价格上升。如果一个国家生产所需要的原材料主要依赖于进口，那么进口商品的价格上升就会造成成本推进型通货膨胀，其形成的过程与工资推进型通货膨胀是一样的。如20世纪70年代的石油危机期间，石油价格急剧上涨，而以进口石油为原料的西方国家的生产成本也大幅度上升，从而引起通货膨胀。

引起通货膨胀的原因除了以上所述之外，不能不提美元因素。以往，美国的金融制度稳健，给人以较大的信心，因此，大部分国际交易的原材料价格均以美元计算。但是美国经历次贷危机之后，带来了衰退忧虑。为解决次贷危机引发的信贷收缩问题，防止经济陷入衰退，美国联邦储备局大幅减息，并多次为市场注入资金。经济下滑加上低息，致使美元汇率下滑，令美国及与美元挂钩的地区因为进口商品的美元价格较昂贵而产生输入型通货膨胀。对于非美元区来说,美元贬值反而可舒缓通货膨胀。

20世纪80年代,油价升至每桶36美元的高峰(算入通胀因素,约等于现时100美元),当时美国通胀高达两位数字。不过在这期间,美元兑日元贬值了六成。换言之,对日本消费者而言,现时的油价只及当年的一半,油价是便宜了而非昂贵了。

通货膨胀一旦形成,便会持续一段时期,也就是说,形成了通货膨胀惯性。对通货膨胀惯性的一种解释是人们对通货膨胀作出的相应预期,如人们预期的通胀率为10%, 在订立有关合同时, 厂商会要求价格上涨10%,而工人与厂商签订合同时也会要求增加10%的工资。这样,在其他条件不变的情况下,每单位产品的成本会增加10%,从而通货膨胀率也会按10%持续下去。如此循环,人们就会产生对通货膨胀的恐慌感,这种恐慌感并不在于物价的上涨,而在于它会引发信心危机,造成通胀恐慌。如果老百姓对政府控制通胀的能力失去了信心, 就会担忧通货膨胀失控,从而抢购粮食,并要求大幅度加薪,那通胀就真的会落入恶性循环的失控局面,情形就好像银行挤兑的谣言会真的引发挤兑一样。

在实际的经济运行中,造成通货膨胀的原因是复杂的,因各种原因同时推进价格水平上涨,常会造成供求混合推进型通货膨胀。假设通货膨胀是由需求拉动开始的, 即过度的需求增加导致价格总水平上涨,价格总水平的上涨又成了工资上涨的理由,工资上涨又形成成本推进型通货膨胀,如此,各因素相互影响,就形成了复杂的混合型通货膨胀。

2.通货膨胀是一种"货币现象"

通货膨胀有着悠久的历史,无论古今中外,这种经济现象始终伴随着社会的发展。关于通货膨胀的解释有很多,其中,货币主义学派就认为通货膨胀是一种货币问题,这一解释比较符合我们对历史的直观认识。

西方世界最早的大规模通货膨胀发生在罗马帝国时代。公元3世纪,罗马帝国开始从巅峰状态跌落下来,之前的经济繁荣和福利过度透支了罗马的经济潜力。为解决财政困境,罗马的皇帝们一开始还只是偷偷摸摸地在金属货币的缺斤短两上下功夫,但很快就明目张胆地往货币里"掺水"。戴克里先(罗马皇帝,公元284—305年在位)时代,"掺水"行为达到了最高峰,号称是银币的罗马货币实际含银量只有5%。由于掺入的铅过多,这种"银"币流通不久就会发黑,以致彻底无法使用,连士兵们都要求其薪水用实物发放,拒绝接受"银"币。通货膨胀也造成了贸易的萎缩,人们只接受实物交易,甚至连高利贷都以实物发放和偿还。罗马皇帝们"饮鸩止渴"式的通货膨胀政策,将罗马经济推向了破产边缘。

18世纪初的法国也经历了一场剧烈的通货膨胀。由于纸币发行无度,大大超过了法国的金银数量,最终引发了纸币的崩溃。法国民众群情激愤,几乎酿成革命,政府不得不出面收回纸币。

至于中国,历代皇帝都精于用通货膨胀政策来纾缓财政困境,搜刮民间财富。比如汉武帝,连年对匈奴用兵造成了巨额的财政亏空,为解决财政困境,汉武帝曾经铸造五铢钱,遍收天下财富。之后的历代皇帝也常常如法炮制,钱越铸越轻薄。汉朝末年,钱币泛滥,以至于人们拒绝接受

第三章
通货膨胀：难以摆脱的"宿命"

钱币。三国时期，国小民穷的蜀国甚至曾铸造"直五百铢"钱币，当然，其实际重量与五铢钱相当。现代考古也发现，古代王朝兴盛时，其钱币会厚重一些；而衰败时，钱币往往十分轻薄。这说明每到王朝衰败、财政吃紧时，皇帝们都会用通货膨胀这一招来搜刮财富。

第一次世界大战以后及1929年的大萧条中，欧洲许多国家都经历了剧烈的通货膨胀，其中以德国魏玛共和国时期的马克崩溃最为著名。由于物价飞涨，一条面包的售价动辄数千马克，但普通人每天连一个马克都很难挣到。

抗战时期的国民政府也面临着严重的财政困境，导致法币滥发，法币急剧贬值。据说，有一对夫妇在抗战前生了一个儿子，为了将来给孩子娶媳妇，这对夫妇决定将每年收入的一半存起来。抗战胜利后，孩子也长大了，这对夫妇无奈地发现，他们这么多年存下来的钱，只够给孩子买两个包子的。这个故事深刻表现了当时通货膨胀的严重性。

第二次世界大战以后，为稳定各国的货币，帮助各国实现战后重建，在美国和英国的主导下，建立起了所谓的布雷顿森林体系，使得金本位制得以重新确立。但是，各国很快又陷入通货膨胀中，给金本位制带来了沉重的压力。之后，布雷顿森林体系逐渐崩溃。1972年，美元也彻底与黄金脱钩，西方各主要国家在这一时期都经历了剧烈的通货膨胀。即便在通胀有所缓和的20世纪80年代，美元仍然贬值50%以上。而以苏联为首的东欧国家，也在1989年之后释放出长期被冻结的通货膨胀压力，苏联卢布在崩溃后贬值了数千倍。自从告别金本位制之后，通货膨胀就成为现代经济生活中的常态。

20世纪80年代末90年代初，拉美多个国家也发生了剧烈的通货膨胀，其中以阿根廷的通货膨胀最为著名。由于财政状况急剧恶化，阿根廷宣布停止偿还外债，开创了非革命状态下国家信用崩溃的先河。而非洲的津巴布韦，更是把超级通货膨胀演绎到了前无古人的地步。2007年，其货币贬值1000倍,到了2008年,则贬值高达15万倍。2008年12月23日,津巴布韦发行最大面额货币100亿津元;2009年1月16日,津巴布韦发行了一套世界上最大面额的新钞, 这套面额在万亿以上的新钞包括10万亿、20万亿、50万亿和100万亿津元四种。在20世纪80年代,大约2津元可以兑换1美元;而到了2009年1月,则大约需要250万亿津元才可以兑换1美元。

每一个发生剧烈通货膨胀的国家,都有着极为深刻的政治经济危机背景。然而,即便在正常的所谓繁荣昌盛的国家,通货膨胀也是司空见惯的事情,只不过相对温和一些。在世界已经完全进入信用货币时代的今天,通货膨胀已经成了几乎每一个国家都无法摆脱的经济现实。

通货膨胀既是金融界研究的一个重要问题,又是中央银行宏观金融管理的一大现实问题。长期以来,国内外许多学者都在对通货膨胀现象进行研究,但迄今为止,关于通货膨胀尚没有一个公认的科学而统一的定义。用比较通俗的话说,通货膨胀就是流通中的货币多了,什么东西都贵,只有钱便宜。之所以这样定义,是因为通货膨胀概念的定义必须体现出因与果关系的有机统一,通货膨胀的起因在于货币供给过多,结果表现为物价上涨。没有物价上涨的货币供给过多不属于通货膨胀,没有货币供给过多的物价上涨也不属于通货膨胀,跟"一个巴掌拍不响"是一个道理。

凯恩斯曾经说过:"通过一种持续不断的通货膨胀过程,政府能够秘密地和不被察觉地没收其公民的大量财富。"我们现在经历的这个通货膨胀也不例外,我们的很多钱已经"蒸发"了。而从某种角度来说,通货膨胀也是政府征收的税收,虽然是面向所有人征税,但是对于不同的社会阶层来说,国家的"通胀税"的税率是完全不同的。对于日常生活占总收入比重低的人,尤其是富豪来说,消费品价格的上涨是可以忽略的,因为对他们来说, 日常生活必需品上花的钱只占到总资产的很小一部分,而富人的绝大部分其他资产在被超发货币吹大的资产价格泡沫中,参与了向老百姓"收税"的过程;而对于日常生活开支占收入比例高的老百姓来说,面对节节高升的物价,他们只能节衣缩食,从牙缝里省钱,从身上省钱,勒紧裤腰带。通胀不仅使他们的生活质量不断下降,还侵蚀着他们可怜的应付紧急事件的保障性存款。

需要指出的是,通货膨胀的变化影响到的并非是我们生活中常见的绝对价格,像"苹果每斤5元",而是一个相对价格,即在某一特定时期内的价格水平对上一周期的价格水平而言,通常通过CPI(居民消费价格指数)的"同比"或"环比"增长来研究。而相对价格对经济的影响主要体现在两个方面:一是不同的产出和相对价格的扭曲,甚至是整个经济的产出和就业的扭曲;二是收入和财富在不同阶层之间的再分配,基本就是穷人口袋的钱流进富人口袋的过程。

3.历史上的通货膨胀

通货膨胀是宏观经济失衡的一种表现,它对国民经济的影响十分广泛,这种影响会由于通货膨胀的程度、持续时间、成因及表现的不同而不同,而且,会由于不同的经济环境和社会环境而有所不同。

下面来看看历史上的几次通货膨胀。

德国马克大崩溃

第一次世界大战结束以后,德国经济濒临崩溃。战败的德国不仅遭受了严重的战争损失,还受到了协约国的严厉惩罚。德国本土的领土缩水近1/7,人口减少了一成,丧失了所有的海外殖民地。此外,还要负担高达1320亿金马克的战争赔偿。作为德意志第二帝国继承者的魏玛共和国,从一开始就面临着严重的财政危机。一方面是国内的经济萧条、民生凋敝;另一方面是战后重建的巨大开支以及巨额战争赔款,走投无路的共和国政府不得不求助于印钞机。1921年,即德国的战争赔款数额确定的第一年,德国政府勉强支付了当年的战争赔款,但第二年便声称无力支付赔款,要求延期。

在严重的财政危机逼迫之下,魏玛共和国政府全速开动印钞机,德国马克也随之展开了前无古人的疯狂贬值历程,物价如脱缰的野马一般上涨。以报纸的价格为例:一份报纸的价格在1921年1月大约为0.3马克,1922年5月为1马克,1922年10月则为8马克。1923年1月,法国和比利时以德国未能按时履行其赔偿义务为由出兵占领了鲁尔工业区,受此打击,奄奄一息的德国经济雪上加霜,马克开始加速贬值。一份报纸的价格到1923年2月已经是100马克,到1923年9月为1000马克,商品价格此后实际已经"飞"了起来。同年10月1日,一份报纸的价格为2000马克,10月15日为12万马克,10月29日为100万马克,11月9日为500万马克,到11月17日已升至7000万马克。1921年1月,德国马克对美元的比价为64:1,而到了通货膨胀达到顶峰的1923年11月,其比价则是4.2万亿:1。

德国人的日常生活因此蒙上了荒谬的喜剧色彩。首先,薪水得按天给,后来发展到一天发两次薪水,如果按月发放,到了月底,你会发现本来能买面包的钱可能连面包渣都买不上。发工资前,大家都要活动一下腿脚,准备好起跑,钱一到手,立刻拿出百米冲刺的激情和速度——冲向市场与杂货店。腿脚稍微慢点儿,价格可能就变动了,往往会因此买不到足够的生活必需品。商品生产和贸易都极度萎缩,市面上商品奇缺,唯一不缺的就是纸币,孩子们可以大捆大捆地拿它们在街上堆房子玩。

1923年,《每日快报》上刊登过一则轶事:一对老夫妇金婚之喜,市政府发来贺信,通知他们将按照普鲁士风俗得到一笔礼金。第二天,市长带着大批随从隆重到来，庄严地以国家名义赠给他们1万亿马克，或者说24美分。

政府继续沉着老练地开动已经因长期超负荷运转而冒烟的印钞机，因为印钞机一旦停止转动，魏玛共和国政府就要垮台，政府的财政仅仅靠从印钞机到市场流通之间的时间差来苟延残喘。这场超级通货膨胀在1923年底戛然而止，究其原因，说法很多，但其中很重要的一点是来自美国的黄金注入稳定住了市场。德国的这场超级通货膨胀还带来了一个非常重要的副产品——纳粹党的兴起，这对十多年后的世界历史产生了极为深刻的影响。

资金短缺——滥发钞票——通货膨胀——导致更深层次的资金短缺——更加疯狂地印钞，这就是魏玛共和国时期造成德国马克崩溃的"死亡螺旋"。使德国马克跳出这个"死亡螺旋"的，一是外债负担的减少缓解了资金短缺的压力，二是而且是起到决定性作用的，则是大量美国"硬通货"的注入。

津巴布韦大通胀

近年来发生在津巴布韦的超级通货膨胀是又一个典型。

津巴布韦于1980年获得完全独立，由于农业发达，矿产资源丰富，当时津巴布韦的经济条件在南部非洲来说，还是相当不错的。但是，由于连年的经济政策失当、高层官员腐化严重、种族矛盾激化等原因，其经济持续恶化，资金和技术人才流失严重，最终在20世纪90年代末引发了财政危机。陷入财政困境的津巴布韦政府同样也严重依赖印钞机来纾困，钞票越印越多。为遏制纸币的滥发造成的物价上涨，津巴布韦还采取了严厉的价格管制措施，企图"双管齐下"，既享受多印钞票带来的好处，又能让物价保持平稳。此外，毕业于伦敦经济学院的津巴布韦总统穆加贝还坚信可以通过多印钞票来降低价格。于是，印钞机的开动愈加疯狂，到了近些年，甚至一度造成印钞纸短缺，不得不从南非大量进口。在价格管制措施的作用下,起初物价上涨并不明显。但是,由于津巴布韦国内经济的持续恶化,到了2004年,价格管制措施开始失去了效力,物价迅速上涨,长期积累的通货膨胀压力开始集中释放。2006年,津巴布韦的年通胀率达到了1042.9%,此后形势更是急转直下。2007年,津巴布韦的通货膨胀率达到了100000%以上,2008年则达到了15000000%,到2009年初,津巴布韦的通货膨胀率竟然达到了231000000%。

尽管津巴布韦也实行严格的外汇管制措施,但这些管制措施在超级通货膨胀面前毫无作用。2009年1月,1美元可以兑换250万亿津巴布韦元,津巴布韦元钞票的实际价值迅速跌落到了连印刷它的纸张的价值也不如的境地,人们购买日常用品,动辄需要提着数十公斤重的钞票。津巴布韦频繁发行新币,其面值也越来越夸张,最高面额甚至达到了100万亿津元,这个面额即便是中国人拿来烧给祖宗的冥钞,也难望其项背。现在的津巴布韦,几乎人人都是"亿万富翁",但事实上,却是世界上最贫穷的国家之一,而津巴布韦的经济已经长期处于事实上的崩溃状态。到目前为止,津巴布韦的超级通货膨胀仍然没有结束的迹象。2009年初,津巴布韦宣布一次性从其纸币面值上删去12个零,也就是说,1万亿津元变为1津元,但是,这种数字游戏对于问题的解决毫无助益。

德国魏玛共和国时期的超级通货膨胀和今天津巴布韦的超级通货膨胀有着相似之处,但它们也有着根本上的不同。在表现形式上,二者是相似的,但究其根源,二者有着深刻的不同。造成前者的主要原因是战争创伤及赔款因素造成的资金大量外流,也就是说,并非由人为的经济政策造成;而造成后者的主要原因,则是人为的错误决策。而且,后者因为经历了长期的价格管制,积累了巨大的通货膨胀压力,在管制失效之后,发生了集中式的爆发。所以,无论从持续时间上还是对经济的损害程度上来看,后者都远远超过前者。

目前,津巴布韦国内正在逐步走向政治和解,西方国家对其的制裁也开始松动,但其经济状况依然没有太多改善的迹象。可以肯定的是,如果津巴布韦不能实现深刻的国内改革, 以及从外部获得大量的资金注入,那么,其国内通货膨胀的治理是很难取得成效的。

中国历史上的通货膨胀

中国历史上曾经出现过很多金属铸币,大概有铜、银、金、铁、铅等几种,以铜铸币为主。中国古代在发行铜铸币时,当时的造币技术没有现在这么先进,现在都断绝不了假币的出现,当时的水平更不可能禁绝造假币,于是就出现了多次名义价值和实际价值不符,从而导致货币贬值、物价上涨、社会不稳定的现象,也就是通货膨胀。其中影响比较大的大致有以下几次:

(1)自公元7年到14年,王莽曾进行过3次币制改革。第一次,他下令除五铢钱(汉隋间铸币以重量命名,主要是五铢钱,古算法以24铢为1两)外,更铸"大泉",重12铢,值五铢钱50;又造"契刀",值500;"错刀",值5000。这种没什么实际意义的虚价大钱出现后,导致的直接后果就是民间盗铸。为了保证钱币的真实性,人们在实际交易中更趋向于使用五铢钱,也就是说,王莽下令造出的钱除了面值增大了一些,让人们增进了学习数学知识的紧迫感以及造成一些混乱以外,基本没有起到什么实际作用。第二次,废除"错刀"及五铢钱,另发行"宝货",计有五物(金、银、龟、贝、铜)、六名(钱货、黄金、银货、龟货、贝货、布货)共28品,不仅换算起来比较麻烦,而且比价极不合理。如小泉重1铢,每枚值1;大布重24铢,每枚值1000,每一品与其他27品之间会产生756种比值,出门一次非常麻烦,因此,此次改币仅进行了一年就被迫废除了。第三次,王莽还不死心,又作货布、货泉两种并行。货泉重5铢,货布重25铢,但一个货布却值25个货泉,这种比值的不合理又引起了民间盗铸, 此次改革最终仍旧以失败告终。由此看来,币制这个东西不是想改就能改的。

(2)黄巾起义后,东汉政权名存实亡。公元189年,董卓进京,他下令毁五铢钱,更铸小钱,"肉好无轮廓,不磨鑢。于是货轻而物贵,谷一斛至数十万,自是后钱贷不行"。董卓铸恶质钱带来的后果就是物价飞涨,这是对人民的一种掠夺,将钱全搂在自己怀里。至此,五铢钱制度遭到严重破坏。

(3)三国时,战争频繁,军费开支浩大,各国为解决自身的财政困难,都不约而同地选择了同一种方式解决这一危机——铸造面额较大的货币。刘备入蜀时,因"军用不足",听从刘巴建议,铸"直百五铢",其重量仅8~9.5克,却当五铢钱100,结果"数月之间,府库充实"。吴国看到蜀国取得了这么大的成效,决定效仿,在公元236年铸"大泉五百",重7克,公元238年又铸"大泉当千",重14.5克,甚至还有"大泉二千""大泉五千"。这些大钱出笼后,导致物价上涨,后被迫停铸。

(4)北魏孝明帝即位后,为解决财政困难,于公元517年采用崔亮的建议,广开铜矿铸钱以收"治利"。由此看来,每个朝代都得有这样高智商的"狗头军师"。其结果是民多私铸,钱更薄小,钱价更低。"时所用钱,人多私铸,销就薄小,乃至风飘水浮,米斗几值一千。"在市铜价,81文得铜1斤,私造薄钱,1斤铜可造钱200。"既示之以深利,又随之以重刑,罹罪者虽多,奸铸者弥众。今钱徒有五铢之文,而无二铢之实,薄甚榆荚,上贯便破,置之水上,殆欲不沉。"私铸钱轻薄如榆叶,入水不沉,夸张点可能刮风就能吹走,而其流通的后果是物价上涨,货币流通阻滞,私铸者增多,因贫穷而犯罪者也增多,大大加剧了社会矛盾。

(5)唐玄宗后期,和杨贵妃的生活奢侈,军费开支浩大。他去世后,给子孙留下了一个烂摊子。乾元元年(758),在第五琦的建议下,唐肃宗实行通货贬值政策,铸造大钱,称"乾元重宝"。这是最早称"重宝"的钱,重5.97克,1文当开元通宝钱10文。肃宗诏书说:"冀实三官(汉代主管铸钱机构)元资,用收十倍之利。"非常明白地说明铸钱的目的就是增加财政收入。尝到铸钱的甜头之后,次年又故技重施,铸"重轮乾元重宝",重11.94

克,重量为开元钱的3倍,却当开元钱50用。大钱发行后引起的后果不外有三:一是物价飞涨,人民遭难,"谷价腾贵,米斗至七千,饿死者相枕于道";二是盗铸严重,"长安城中,竞为盗铸",以致寺庙的钟、铜佛都被熔化;三是货币流通出现混乱,有实钱和虚钱双重价格。总之,如上元元年(760)诏书所说:"私铸颇多,吞并小钱(开元钱)……物价益起,人心不安。"

(6)清咸丰三年(1853),在发行纸币的同时,京局开始铸造大钱,共分五等:当十、当五十、当百、当五百、当千。当十称"咸丰重宝",其余称"咸丰元宝"。当百钱直径7厘米,重199克,为诸钱之冠。大钱一出笼,立即引起物价飞涨,同时各种私铸也纷纷出笼。旧钱每千重120两,熔化可铸当千大钱30,受如此高额利润的诱惑,私铸数迅速超过官铸。于是,一年之后,政府不得不停造当千、当五百的大钱,并用宝钞收回。此后,又停铸并回收当百、当五十的大钱。当十大钱仍流通,但其价从当五、当三直跌至当二。咸丰还铸有当十铁钱和铅钱,咸丰时的钱钞制,币值级别多,币材种类多,分量变动多,钱文字种类多,其复杂繁琐远远超过了前辈王莽时代的宝货制。

由以上的例子可以看出,历史上的通货膨胀不在少数,而且每次通货膨胀都给国家和人民带来了深重的灾难。及时纠正自己的错误,懂得和别人分享财富的,结果还不算太坏;而妄想把钱全搂进自己怀里,在错误的道路上一直走到黑的,终以灭国告终。

4.无所不在的结构性通胀

通货膨胀主要可以分为需求拉动型通货膨胀、成本推动型通货膨胀及更为隐秘、更为根本的一种:结构性通货膨胀。

所谓结构性通货膨胀,就是指在经济发展过程中,有的经济部门劳动生产率增长较快,有的经济部门劳动生产率增长较慢,但在成果分配上,劳动生产率增长较慢的部门并不会甘心接受相应比例的收入,他们会要求相当于或者至少接近于劳动生产率增长较快的部门的收入。当然,还有某些部门劳动生产率根本没有增长,而某些社会组织,比如政府机构,根本没有参与财富创造,但他们也会要求"均贫富"。"均贫富"的后果就是货币供给超过了社会财富的增长, 这样就会形成通货膨胀。各国都是如此,但在中国,由于体制原因,这种情况尤为严重。具体表现为劳动生产率提高慢的部门(比如垄断国企)和根本就不生产财富的组织(比如政府、某些事业单位)反倒获得了更高额的收入分配,瓜分了财富增长蛋糕的大部分,而真正创造财富的部门只得到了一点儿辛苦钱。这自然就形成了极为强大的结构性通货膨胀的推动力,多年以来一直如此。中国的通货膨胀,最主要、最根本和最持久的就是结构性通货膨胀。

人们在日常用品上的消费是有限的,一个人再有钱,一天也只吃三餐饭。而且,由于贫富差距极大,富裕阶层享有的物品与下层民众几乎是完全不同的商品。比如,富裕阶层是肯定不会跟穷人一样消费平价奶粉的。所以,通胀很长时间没有传导到普通日用品上,但是它却很快地传导到高档的大宗消费品上,比如住房。住房由于其资本容量大、收益稳定等优点,成了大资金的宠儿。过去几年,疯狂上涨的房价是没有计入CPI的,所谓的低通胀就是这么来的。后来,流动性进一步泛滥,连房地产市场也容不下这么多资金了,于是,资金流入股市造就了大牛市。再后来,连股市这个口袋也装满了钱,从楼市、股市、大型工程这几个满了的口袋里溢出来的钱就扩散到整个经济体系中,这些资金不得不"屈尊光顾"普通消费品,于是,全面通胀突然来临。所以说,这个"特例"不是特例,结构性通货膨胀其实从来没有离开过我们。

当然,结构性的通货膨胀在世界各国都普遍存在。在西方国家,结构性通货膨胀主要是社会福利制度造成的(比如对生产率提高缓慢的农业生产部门的巨额补贴)。社会福利制度的发展使得不应当享受相应福利的人享受了过高福利,虽然在一定程度上会从因此而获得的人力资源开发上得到补偿,但在总体上,这种福利还是推动了西方国家持续不断的通货膨胀——当然,这种通胀比起以苏联为代表的非市场经济国家要缓慢得多(以苏联为代表的非市场经济体制国家存在一个普遍的弊病,就是高估了矿产、机器设备等实物资源,低估了人力资源的价值,这也是导致其生产力的发展落后于西方国家的一个重要原因),因为西方的市场经济体制,没有像苏联那样大规模地犯系统性的错误。

结构性通胀在中国的现状与前景

中国的垄断型国企,绝大多数是成熟行业,其劳动生产率的提高极为有限。但在分配上,我们看到的却是:由于行政权力干预导致的价格扭曲,使它们获得了巨大的资源和利润。垄断行业的收入远远高于反映实际劳动生产率增长的行业。某些重工业部门,几乎没有创造多少财富,却消耗着大量的资源,获得了丰厚的分配。每当经济有发展,这些贡献极少或毫无贡献的部门就会凭借行政权力的干预要求获得远比实际生产率增长高的福利;而当经济陷入衰退时,这些部门也会利用行政权力的干预阻止其福利的降低。长期下来,就积累了巨大的通货膨胀压力。在目前环境下,这些压力一直在经济体系中不断释放,推动人民币的实际购买力不断降低。综上所述,中国结构性通货膨胀的压力始终巨大,不仅损害现今的人民福利,更将在长远的将来造成严重影响。

最近30年,特别是加入世贸组织以来,中国经济确实取得了显著的增长。这可以归结为国外先进技术的大量流入与中国国内的巨大资源特别是人力资源相结合的结果。但我们也应该看到,这种流入已经大大减缓,而中国自身的自主创新能力依然十分薄弱。由于种种原因,中国事实上也面临着西方严格的技术输入管制。一旦技术进步停滞,资源投入无法再进一步扩大,中国经济就将可能面临十分严峻的局面:财富增长已经基本停滞,过去投资形成的巨额资产存量的折旧同样巨大,经济滑入不可挽救的深渊。此时,如果不进一步深化改革,就会形成严重滞胀的局面,造成全社会实际福利的持续下降;而如果想进行改革,改革的成本又非常高昂,社会无力承担。

正如前面所言,结构性通货膨胀是个全球性的问题,目前来看,任何一个国家都无法摆脱。而中国的结构性通货膨胀由于存在着体制性的因素,在政府的有力管制下,有相当一部分通货膨胀压力并没有释放出来。而一旦经济停滞,它将以某种更凶猛的形式爆发出来。所以,中国更需要居安思危、未雨绸缪。

5.宁要通胀,不要通缩

前面已经提到,在信用货币时代,通货膨胀是惯常的,而通货紧缩只是偶尔发生的暂时现象。这一论断无论从逻辑上还是历史数据上都有充分的论据支持。毫无疑问的是，无论是通胀还是通缩，都是经济失衡的表现，超过一定限度，都会给经济的健康发展带来重大损害。但是，各国政府似乎都对通货紧缩的容忍力更低，即便是相当温和的通货紧缩，政府也会全力动用各种措施"除之而后快"；而对于温和的通胀，政府往往会把它当成经济健康的标志，听之任之。这里面有着深刻的原因。

货币的诞生是人类文明的一次跃进。货币自诞生以后，交易成本大大降低，贸易也因此而繁荣起来，贸易的繁荣又进一步促进了社会分工的发展，使得劳动生产率大大提高，经济因此获得了巨大的发展。总而言之，货币对人类社会的发展起到了非常关键的推动作用。然而，在实物货币时代，许多地方却存在无法取得足够量货币的问题。即便是在采取金银货币的近代，金银的大量外流对于一个国家的经济而言也是非常致命的打击。所以，重商主义学说特别强调要防止金银的外流。在那时，即便是一个健康、正常的国家，如果突然发生金银短缺，其经济也会遭受重创——物价的普遍下跌等于是向整个生产体系发出错误的信号，会大大降低人们的生产意愿，从而导致生产萎缩、社会资源严重利用不足。即便是在现代，一旦发生通货紧缩，由于总体物价水平持续下跌，会造成企业盈利大幅减少、生产动力不足、机器设备大规模闲置，同时也将导致大面积的失业。这对一个经济体而言，是沉重的打击。此外，通货紧缩还变相抬高了融资成本，使得企业融资极其困难，这会对经济的发展形成严重的制约。所以，通货紧缩的危害是非常严重的，其程度并不亚于一定强度的通货膨胀。

经济体中有足够的货币流通，对于经济的稳定运行和健康发展是必不可少的。到了信用货币时代，中央银行几乎获得了无限的货币供应能力。于是，除了经济急剧滑坡这种从繁荣到衰退的转折期外，通货紧缩现象几乎看不到了。但即便如此，由于政策难免存在时滞，所以我们并不能忽视短期的货币短缺或者说通货紧缩对经济的健康运行所造成的损害。

通货膨胀成为一种惯常现象,其原因前面已经说过。事实上,在信用货币时代,掌握印钞权的政府自身就是通货膨胀形成的一人重要推动因素。我们知道,政府本身是不能创造任何财富的,而政府部门的日常运作需要耗费大量的金钱,庞大的公务员队伍的工资和福利就是一笔相当大的开支。政府的财政收入主要来自税收,然而,量入为出、保持财政平衡是一种相当高的标准。不论是东方还是西方,各国政府似乎都更倾向于维持寅吃卯粮的赤字政策。通货膨胀对政府而言相当于一种额外的税收收入,可以大大减轻赤字压力,豁免其部分债务,所以,政府首先是通货膨胀的第一个受益者。此外,为了防止通货紧缩,配合经济发展,政府一般总是倾向于"宁滥勿缺"地供给货币,而政府对经济活动的干预,特别是对外汇市场的干预,通常也会大量产生"货币盈余"。所有这一切,都构成了通货膨胀的推动因素。更重要的是,几乎每一个经济体系中都存在着难以摆脱的结构性通货膨胀因素。各个经济部门劳动生产率提高速度的天然差异,以及对特定社会阶层和人群支付超出其贡献水平的福利,都是不可避免的情况。货币供应量的增长总是倾向于快于实际财富的增长。所以,通货膨胀几乎成了每一个经济体不可摆脱的宿命。尤其是在信用货币时代,不再存在货币供应的困难,又为通货膨胀的发展扫除了最后一道障碍。除非是演变到足以令人们拒绝接受纸币而改用以物换物的方式进行商品交易的超级通货膨胀,否则,通货膨胀总是能够获得继续产生的能量。

如果把社会经济的发展看成是滚滚奔流的长江,通货膨胀无疑就是那滔滔江水,两者密不可分,浑然一体;而通货紧缩就像是点缀于波涛之上的点点浪花,短暂存在,微不足道。政治经济体系中的内在力决定了这一大格局,不会因为任何人的意志而改变。当年美国总统里根当选时,曾经把治理高通胀作为重要的目标之一。以里根的观念之保守,8年下来,其实际成效仍然是非常有限的。通货膨胀率虽然有所降低,但仍然很高,而他所誓言的对社会福利体系的改革也基本上无果而终。无论是治理短期的通胀还是遏制长期的通货膨胀因素,他取得的成效都相当轻微。虽然现在里根被称为美国的伟大总统,但他对美国经济的实际影响和改变是非常有限的。

既然长期的通货膨胀是我们必然要面对的,那么,我们的着眼点就应该放在如何使通货膨胀以温和的、可控的步伐行进,防止那些严重损害经济发展甚至导致经济崩溃的剧烈通胀发生。至于通货紧缩,则不必太介意,政府总是有能力而且有充分的意愿去干预解决它,因此,它不会持续太久,也不会发展到太严重的地步。在萧条期遭遇通货紧缩时,我们更应该关注的是技术的进步、管理的创新、新的经济增长点的挖掘。因为,如果我们不能使经济恢复健康的发展,重新为经济注入活力,那么通货紧缩的后面必然就是严重的滞胀——经济停滞状况下的通货膨胀,这才是真正的经济灾难。

6.人民币实际购买力的未来

最近30年来,人民币的实际购买力发生了非常巨大的变化。这里面有两个主要因素:其一是经济发展过程中不可避免的通胀因素造成了人民币实际购买力的降低,其二则是由于经济改革本身引发的历史积累的通货膨胀因素的释放。20世纪80年代,万元户在农村被认为是富裕之家,非常罕见，因为当时的1万元人民币大约相当于一个普通工人20年的工资收入；而现在的1万元，即使对于普通农村人家而言，也已不再是一笔很大的数目，它只相当于普通工人大约3个月的工资。从工资角度计算，如果不考虑实际收入增长因素，人民币的实际购买力大约贬值了50倍；从物价角度计算，如果不考虑实际物价的下降因素，人民币的实际购买力大约贬值了15倍。综合考虑工资和物价的变化，可以大致认为从20世纪80年代初到现在，人民币的实际购买力贬值了20倍以上。这个变化幅度是相当惊人的，但是考虑到中国进行经济改革的特殊历史背景，与俄罗斯、东欧各国动辄贬值数千倍的货币相比，人民币的贬值还算是相当温和的，这也从一个侧面反映了中国在1978年开始进行的经济改革的正确性。再来看一般消费品物价变动的历史，我们可以发现，20世纪80年代后期价格"闯关"时期、1995年前后、2007年下半年是价格集中上涨的三个主要时间段。由这三个时间段我们也可以看出，随着时间的推移，市场化改革因素在物价上涨中扮演的角色越来越淡化，现实的经济因素逐渐成为物价上涨的主要推动力。

目前，中国在市场流通领域的市场经济改革已经基本完成，一般商品的价格"双轨制"已经被废除，历史上的体制刚性所冻结的通货膨胀压力也已经基本释放完毕。但是，我们还应该看到，从本质上来看，中国的"双轨制"仍然没有彻底破除。特别是在资本物品领域，体制刚性所冻结的通货膨胀压力并没有得到充分释放，甚至还有新的积累，这无疑会对未来的人民币实际购买力产生实质性的影响。

从现实的经济因素来看，中国经济所存在的根本性问题仍然是经济结构失调、资源配置扭曲、收入分配不合理。这些问题带来的一个直接结果就是严重的结构性通货膨胀，人民币的实际购买力因此不可避免地受到了削弱。这些问题的背后又有深刻的体制性的根源，在短期内几乎不可能得到彻底的解决。这就意味着在未来相当长的时间内，中国都需要

第三章
通货膨胀：难以摆脱的"宿命"

面对目前这些体制性因素造成的通货膨胀，人民币的实际购买力还将长期受此影响。

从金融系统来看，金融体制实现彻底的市场化改革也尚需相当的时日，货币当局对外汇市场的干预、非市场化的利率仍然会给市场注入额外的通货膨胀压力。政府及货币当局动用财政及货币手段对国内经济活动进行的积极干预（例如为对抗通货紧缩而采取的强行注入流动性行为），同样会积累大量的通货膨胀压力，并最终在整个经济体系中得到释放。以上两种局面在可预见的未来也不可能得到彻底的改变。

现实的经济因素推动及经济体制改革引发的历史积累通货膨胀压力的释放，是过去30年来人民币实际购买力不断走低的最主要原因。这种情况也在苏联及东欧国家中普遍出现，只不过，这些国家的通货膨胀压力是以"爆炸式"的方式剧烈地释放出来的，而中国是可控的逐步释放。当然，除了苏联地区少数国家之外，东欧大多都进行了非常彻底的市场经济改革，这与中国也是有着比较大的区别的。从近些年来这些国家的经济发展情况来看，其势头十分良好，说明东欧式的激进改革也有可取之处——毕竟良好的经济发展框架建立得越早，长期受益就越大。如果以东欧国家作为参照，我们就很可能会怀疑中国的改革对由体制刚性冻结的通货膨胀压力的释放程度。而且，这种体制刚性维持得越久，其所积累的通货膨胀压力就越大。换而言之，渐进式改革在短期内带来的通货膨胀要小于激进式改革，但在长期内，前者所带来的通货膨胀危险恐怕要大于后者。

如果我们再展望未来，还会发现一些可能对人民币实际购买力构成负面影响的社会及人口因素。目前中国的社会保障体系还很不健全，特别是广大农民，几乎没有任何社会保障可言。建立起覆盖全民的社会保障体系，是中国未来相当长一段时间内要面对的艰巨任务。

从世界上其他国家的经验来看，即便是建立福利程度比较低的社会保障体系,所消耗的资源也是相当惊人的。中国仍然是一个相对比较贫穷的国家,以中国目前的财力,实际上很难负担得起一个真正意义上的全民社会保障体系。但是,出于深刻的政治性考虑,中国仍会试图去建立起一种超出自身财政负担能力的社会保障体系。我国拥有的资源相当有限,而发展经济仍然是压倒一切的首要任务,必须保证为此投入大量的资源。那么,社会保障体系所需的资源从何而来?恐怕还是要靠透支货币的实际购买力来获得。这也是任何一个面临财政困境的国家都倾向于采取的措施。中国目前已经逐渐步入老龄化社会,由于人口出生率的降低,总人口峰值也将很快达到,在此之后,中国将经历漫长的人口减少过程。

老龄人口的增加,也就意味着整个社会用于医疗和养老开支的增加;而总人口的减少,则意味着向社会提供财富的劳动力的减少。这两种趋势共同作用的结果就是社会财政状况的紧绷。要缓解这种困境,别无他途,唯有进一步从货币中透支购买力,带来的后果自然就是货币购买力的进一步下降。

由于不可避免的结构性通胀的存在,在长期内,各个国家的货币实际购买力都是不断下降的。那么,人民币有没有可能取得相对的优势呢?当然有可能。中国目前无论是在工业技术方面还是在总体的人力资源开发方面,都还处于比较落后的水平,换一种说法,就是还有很大的潜力可挖。中国目前的经济发展水平并没有完全体现自身的自然资源和人力资源优势,财富增长的空间仍然很大。如果中国能够通过深度的改革切实消除经济结构中不合理的体制性因素,使资源配置更加合理,充分遏制导致结构性通胀的不合理分配结构,那么,人民币在较大程度上保持其实际购买力的希望仍然是很大的。我们要知道的是,达到这样的目标非常难。如果没有高度的历史责任感和严格自律的道德指引下的制度性安排与政策措施,这样的目标可以说遥不可及。

基于以上所述,我们可以得出结论:在长期内,人民币实际购买力的前景并不乐观。或许通过有效的政策措施可以避免爆炸性的通货膨胀,但人民币实际购买力在未来大幅下降却是不可避免的。由于政治体制、经济结构及人口等方面的原因,未来人民币的实际购买力以较高速度不断贬值将是不可摆脱的宿命。中国需要做的是尽量延缓这个贬值过程,努力保持人民币实际购买力的稳定,或者使这样的贬值过程尽可能温和,以避免其对社会经济的长远发展造成过多的负面影响。

7.一个国家该印多少钱,由谁来决定

有了一定的储蓄后,很多人就开始规划,用多少来投资,用多少来消费,消费中是先买房子还是先买汽车。这是最基本的货币管理。当我们把这种货币管理上升到国家的高度时,就会遇到这样的问题:这个国家到底需要多少钱?应该由谁来决定?这是个非常有意思的话题。

在实物货币时期,并不需要考虑这个问题,比如以贝作为货币,那么,整个部落中有多少贝,就可以有多少贝流通。到了金属货币阶段,早期金银是可以直接在市场上流通的,人们用金银直接交换,而且个人也可以随意锻造手中的金银形状,各国只是在法律上规定金银的成色。后来,金银逐渐退出流通领域,由国家掌控,取而代之的是央行发行的银行券,但银行券可以随时兑换成金币,货币的发行权主要是指银行券的发行权。要保证银行券的信誉和货币金融的稳定,中央银行须以黄金储备作为支撑银行券发行与流通的信用基础,黄金储备数量成为银行券发行数量的制约因素。银行券的发行量与黄金储备量之间的规定比例成为银行券发行保证制度的最主要内容。由于黄金是自然之物,其数量要因资源分布和开采情况而定。所以,这时候的央行只是被动地发行银行券,而真正决定银行券流通数量的则是黄金储备。

进入20世纪之后,金本位制解体,各国的货币流通均转化为不兑现的纸币流通,不兑现的纸币成为纯粹意义上的国家信用货币。在信用货币流通的情况下,中央银行凭借国家授权,以国家信用为基础,成为垄断货币发行的机构,中央银行按照经济发展的客观需要和货币流通及其管理的要求发行货币。就这样,在现代社会中,中央银行合理合法地成为货币发行权的掌控者。

虽然现代社会中由中央银行来执行货币发行权,但是,各国央行也并不是想发多少就能发多少,也需要有一定的测算标准。总的指导原则是,根据经济体中的货币需求量来确定。所谓的货币需求量,就是指一国在一定时期因国民经济发展水平、经济结构及经济周期形成的对执行流通手段与价值储藏手段职能的货币的需要量。生活中需要多少,央行就印多少,做到货币供需平衡是央行的最高境界。那么,央行又是怎样评估现实货币的需求量的呢?

有人说,国民经济发展水平是决定货币需求量的主要因素,故通常以经由货币媒介的最终产品和劳务的总价值即国民生产总值(GNP)来表示,也有学者以国民财富总值作为决定货币需求量的主要因素,还有人认为货币源于商品交换并服务于商品交换,因此,货币需要量直接由流通中的商品量决定。总之,根据这些标准,能估算出一个货币需求量,然后印出不同面值的纸币,投放到经济体中,让经济体开始运转。在这个过程,央行很难做到非常精确地估算出一个国家的货币需求量,其实也没必要精确,因为现实中有太多不可控的因素。央行的逻辑是,首先估计一个需求量印刷纸币,然后根据市场的反应来进行调整,如果货币流动性非常紧张,就可以继续加印;如果流动性过于充裕,则可以通过发行债券等方式回收。加上经济的不断发展,这也客观要求货币供给量要不断调整。关于经济体中的"第一动力",争议并不大,真正讨论不休的是央行该如何调整。

凯恩斯主义

在20世纪30年代大萧条后,凯恩斯主义为国家干预经济提供了理论依据,加上现实的需要,很快被统治者采纳,成为主流经济学思想。在这之前的古典经济学认为,国家只是一个"守夜人"的角色,不能干预市场,市场可以自动调节来化解经济波动,国家要做的就是创造一个稳定的大环境。然而,大萧条的到来让古典经济学站不住脚了。凯恩斯认为国家应该干预市场,市场无法实现自我均衡,必须依靠国家来进行宏观调控。宏观调控的工具就是财政政策和货币政策,不过,在实行的过程中要懂得"相机抉择"。在他们看来,经济生活仿如一条有着荣枯周期的河流,而货币供应就是一道闸门,政府作为"守闸人",应时刻根据"河流"的荣枯状况,相应地关闭或开启"闸门",从而达到平衡货币供求、缓解经济波动的目的。也就是说,央行认为经济出现过热的苗头,就收回一些货币;如果出现紧缩的征兆,就投放一些货币刺激经济。总之,央行应该根据经济的变化情况逆经济周期操纵,一切由央行说了算。

单一规则

由于凯恩斯主义一直是战后经济学的"主流",因此,"权变"的货币政策自然成为西方各国的正统。不过,自20世纪50年代后期起,一股反对"权变"的理论旋风从美国东部刮起,高举这支大旗的领袖是现代货币主义学派的"掌门人"弗里德曼。他在其编写的《美国货币史》中,通过大量的统计令人信服地证明了美联储的货币政策是美国经济波动的直接原因。在弗里德曼看来,中央银行难以掌握成功实施权变政策所需的必要信息,无法准确预测经济的未来走向,更不用说去把握现实社会对货币政策作出反应的时间和程度了。因此,政府在扩大和收紧货币供应量时,难免会做过头或做不到位：要么对经济刺激过度，要么紧缩过度，从而导致与最初愿望相反的结果，更加促成经济的波动和不稳定。由此可见，政府要当好"守闸人"并非易事。弗里德曼认为，政府与其手忙脚乱，倒不如无为而治，制定出一个长期不变的货币投放增长的比例规则。比如，货币当局在确定货币供应量时，牢牢盯住两个指标，即经济增长速度和劳动力增长比例，并提出把货币供应的年增长率长期地固定在与经济增长率及劳动力增长率大体一致的水平上。这就是著名的"简单规则"或"单一规则"的货币政策。

"交给上帝来决定"

究竟是央行根据自己的判断来调整货币供给量好，还是根据固定规则来实施好，经济学界至今仍是争论不断。目前，大多数国家采用的仍然是"相机决策"。央行根据自己的判断来调控货币供给量，虽然可以灵活机动地调整货币供应量来避免经济有大的波动，逻辑非常完美，但现实中确实存在很多问题。如央行能否独立客观作出判断，这要求央行有上帝般超高的智慧和技巧，在恰当的时点上以恰当的力度和适当的工具操作货币政策，方能收到预想的效果。只要在时点、力度和工具上哪怕出现很小的差错，调控的结果和初衷都可能大相径庭，甚至适得其反。

如今，全球范围内通货膨胀愈演愈烈，不断地蚕食着老百姓辛苦创造的财富，有学者认为这正是央行控制货币发行权的后果。更有奥地利学派指出，应"收回货币发行权交由上帝"。实际上，各国在印发货币时所依据的原则和机理都是不一样的。没有固定的模式，只有根据本国经济形势加以选择和执行。

第四章

经济全球化时代的货币大战

1.世界经济危机大事记

第二次世界大战之前：

(1)1788年,第一次经济危机

第一次经济危机是在英国工业革命发生后不久。18世纪70年代和80年代是英国纺织工业技术革命的年代。1781年,阿克莱的专利权被判剽窃。阿克莱丧失专利权后,水力纺纱机厂大量涌现,到1788年,已有143家水力纺纱机。1779年出现骡纺织机,1785年起,瓦特的蒸汽机开始迅速应用到棉纺织业中,纺织行业的生产效率迅速提高,大大超过了消费能力,产品大量积压,商家被迫折价抛售。1788年,棉花进口额与1787年相比下降了12%。同年,破产事件增加近50%,工人大量被解雇,兰开夏和柴郡等地的棉纺织工陷入极端贫困的境地。

(2)1793年,第二次经济危机

纺织工业的投资和生产能力的增长又一次超过了其他部门的吸纳能力,第二次危机降临。1792年末,物价开始下降,破产事件开始增加。1793年,英国对法国宣战,英国对法国及欧洲大陆的出口严重萎缩,物价急剧下跌,1792—1793年,100支棉纱价格从30先令(旧时英国货币单位)跌至16先令。企业破产数量急剧增长,甚至连一家最大的负债达100万英镑的企业也宣告破产。企业破产带动银行破产,400家地方银行有100家停止支付。

(3)1797年,第三次经济危机

1794—1795年,英国农业歉收,粮价飞涨,工业品的需求下降。军事开支一部分扩大了内需,另一部分却造成了国际收支失衡。1793—1796年,英国在国外的军事开支高达3800万英镑,加上大量进口粮食,使英国黄金滚滚外流。黄金外流使金价上升,许多银行倒闭,市场需求进一步缩小,物价大跌,终于促成了1797年的经济危机。

(4)1810—1814年,第四次经济危机

由于繁荣持续的时间长,这次危机的严重程度也超过以往各次。1808年,美国对英国实行禁运,严重威胁了英国纺织品的出口,并使棉花价格暴涨。英国被迫把目光投向南美。南美被想象成一个巨大的新市场,在出口信贷的支持下,大量纺织品被送进南美各地的货栈,使纺织业的繁荣得以延长至1810年。但是,1809年英国农业再度歉收,国内市场严重萎缩。因此,当1810年南美的纺织品开始退回英国时,英国的纺织工业失去了希望,一泻千里,大工厂裁员过半,中小工厂关门大吉,物价下跌40%

~60%。正在市场一片恐慌之际,1811年春,美英开战,美国再次对英国实行禁运,这真是雪上加霜的打击。危机持续了4年多,单纯靠淘汰落后企业、裁员、削减工资、降低价格,都不足以使纺织工业庞大的生产能力得以消化。

(5)1816年,第五次经济危机

1814年世界市场出现巨大转机,拿破仑战败,欧洲大陆市场开放,英国商品对欧洲大陆的出口额从1811年的1300万英镑急增至1814年的2700万英镑;1815年,英美战争结束,英国商品对美国输出额从1814年的8000英镑激增至1330万英镑,英国工业空前繁荣。但是,英国货的生产和运输能力过于强大。1814年底,欧洲大陆市场即告饱和。1815年,英国对欧洲的出口下降了23%,不过,由于美国市场迅速接替,繁荣得以继续,但过了几个月,北美市场也饱和了。1816年,英国对美输出额下降了28%。同时,由于军事订单下降,黑色冶金业和煤炭工业第一次生产过剩,原来每吨售价20英镑的铁跌至8英镑。自此,英国工业陷入了第五次危机。1817年,英国第一次提出了旨在减轻失业、启动需求的公共工程拨款法案。法案批准拨款100万~200万英镑,资助建设运河、港口、道路和桥梁。这是市场经济国家用财政手段缓和经济危机的最早尝试,比凯恩斯主义的提出早了100多年。

(6)1819—1822年,第六次经济危机

1819年的破产事件超过了1815—1816年危机的最高点。1819年11月,棉纺织工业三大中心——曼彻斯特、格拉斯哥、培斯利——工人的工资降低了一半以上,全国食品消费量比1818年减少了1/3。由于世界贸易的恢复,1815年和1819年两次危机对美国、法国、德国正在成长的纺织工业和冶金工业都造成了沉重的打击。

(7)1825年,第七次经济危机

1821—1825年, 伦敦交易所共对欧洲和中南美洲国家发行了4897万

英镑公债,而英格兰银行对国内私人贷款却急剧萎缩。这些公债转过来又变成了对英国商品的购买力。英国输往中南美洲的棉纺织品从1824年的150万英镑激增至1825年的395万英镑。出口猛增一方面刺激生产和投资迅速扩大,另一方面又导致原材料价格上涨,从而再一次使供给严重超过需求。1825年下半年,物价终于开始下跌,而南美洲投资也被证明是一场豪赌。投机商人和银行首先大量破产,继之第七次危机席卷英国主要工业部门。这场危机使纺织工业设备开工率下降了一半,纺织机械如花边机的价格下跌了75%~80%,机器工业首次受到危机的严重袭击。

(8)1837—1843年,第八次经济危机

1837年,英国棉纺织业仍然首当其冲,呢绒业、亚麻和丝纺织工业都陷入了困境。1839年,美国棉花歉收,加上合众国银行力图垄断棉花贸易,致使棉花价格暴涨。工业品价格下跌而小麦、棉花涨价,出口下降而进口增加,使英国出现贸易赤字,黄金大量外流。为控制黄金外流,英格兰银行不得不提高利率,此举在客观上进一步缩小了国内投资,导致1837年开始的危机变得越来越严重。事实上,萧条持续了6年。在此期间,英国商品继续对其他国家进行倾销,但美、法、德等国则加强了贸易保护,双方展开拉锯战。1839年,德国从英国进口的棉纱超过国内产量的两倍。1842年,由于英国货的竞争,法国棉布出口额下降了29%。

(9)1847—1850年,第九次经济危机

英国的危机很快传递到其他国家。法国的情况与英国很相似,纺织工业早在1845年就随着英国纺织品的倾销而出现危机,铁路建设狂潮也终于在1847年下半年退潮。随着英国工业陷入危机,法国工业遭受到了英国货更严重的冲击,危机也随之变得更加严重。1848年,法国工业生产总共下降了50%。在危机的冲击下,法国再次爆发革命。德国工业由于保护较弱,受英国危机的影响更大。1847年冬,克莱费尔德8000台织机中有3000台停工;1848年上半年,科隆14家工厂中只有3家开工,埃尔富特的工

业几乎完全停顿。由于德国本国就靠更残酷的剥削抵抗着英国货的倾销,危机到来后,工人处境进一步恶化,1847年多次爆发反饥饿的战争。1848年2月,法国巴黎爆发革命;3月,德国柏林也爆发了革命。

美国的冶金业受英国危机影响最严重。1846年,生铁进口量只相当于美国国内产量的1/10,1851年的进口量几乎与国内产量持平,本国产量大幅减少。

(10)1857—1858年,第十次经济危机

1857年秋,靠空头支票、出口信贷生存的进出口商首先大批破产,继之,银行纷纷倒闭。一度同纽约争夺全国金融中心地位的费城,几乎全部银行都停止支付。随后,纽约63家银行中62家遭到挤兑而停止支付。贴现率上升到60%~100%。铁路公司的股票价格跌去85%~87%。金融危机迅速蔓延至英国,英格兰银行将贴现率提高到前所未有的10%。破产银行和有价证券共损失达8000万英镑,危机造成的全部损失则高达25000万~30000万英镑。在德国的贸易中心汉堡,曾因信贷贸易而异常繁荣的交易所一片混乱,数以百计的银行和工商企业倒闭,贴现率提高到12%。法国情况稍缓和。从1856年到1858年间破产事件12030起,动产信用公司股票价格下跌64%,达姆斯塔特信用银行股票价格下跌一半,法兰西东方铁路公司股价下跌1/3。欧洲破产公司的债务总额高达7亿美元。

(11)1867—1868年,第十一次经济危机

1867年春,英国棉花纺织工业生产缩减了20%~25%,丝织品输出减少了23%,1868年的毛纺织业出口也比1866年下降了30%。生产下降幅度最大的是英国的重工业,1867年的铁路建设比1866年下降了30%。1866年中,苏格兰地区的137座炼铁炉大半停止生产,造船业从1865年到1867年下降达40%。不巧的是,欧洲粮食连年歉收,1867年到1868年的小麦平均价格比1864年到1865年高50%~60%,这进一步缩小了工业品的市场需求。

英国的危机于1867年蔓延至法国。1867年,法国的经济损失高达数

十亿法郎。棉花消费量下降25%,停止运转的纱锭占总数的1/5。棉纺织品价格的下降给毛纺织业和亚麻纺织业以致命打击。由于军事订货的增加,重工业的危机稍轻,但铁路建设规模也缩减了一半,1867年,通车铁路总长度为1198公里,而1868年仅为613公里。

(12)1873—1879年,第十二次经济危机

1872年,由于建设成本高涨,预期收益下降,美国的铁路线增长速度开始放慢,机车及铁轨订货开始减少。于是,铁路股票价格开始下跌。从下跌转为暴跌,开始于1873年的奥地利首都维也纳的股市暴跌,24小时内,股票贬值达几亿盾。

德国也遭受了重创,特别是重工业,迅猛发展后是生产能力严重过剩。法国经济繁荣程度不高,受打击却不轻。1873年,法国的棉织业产量减少了40%,煤、铁的产量都大幅减少,萧条持续了很长时间。主要工业国的经济萧条直接影响到了英国。

(13)1882—1883年,第十三次经济危机

1882年,美国铁路建设退潮,引发世界经济史上的第十三次经济危机。英国经济早在1882年就开始下降,美国铁路退潮后,危机进一步加深。法国的严重程度仅次于美国。德国的情况稍好,工业的竞争没有出现大规模投机浪潮,受外国廉价商品的倾销影响小,只有对美国出口的钢铁和机器下降幅度较大。

(14)1890—1893年,第十四次经济危机

1890年3月,德国股票市场暴跌。此后,股价连续下降两年多。1890—1891年,破产事件约1.5万起,铁路建筑规模缩减了60%。适逢农业歉收,危机更加严重。这次危机的一个重要后果是,法国终于加入了贸易保护主义潮流。1892年,法国制定了《梅利奈税则》,大大提高了进口工业品关税率。法国在吃尽了自由贸易的苦头后,所实施的保护政策是全欧洲最严厉的。

第四章
经济全球化时代的货币大战

(15)1900—1903年,第十五次世界经济危机

这次危机是从俄罗斯开始的。1899年夏天,一场金融危机席卷俄罗斯,其工业生产陷入危机。这场危机戏剧性地展示了英国和德国的竞争地位的消长。面对强大的竞争对手的崛起,面对世界性的贸易保护主义潮流,英国的自由贸易政策发生了动摇。英国内阁以张伯伦为首的集团开始主张恢复保护关税,取消自由贸易,代之以"帝国国内特惠关税",这一主张得到了重工业的大资本家们的拥护。但是,由于英国鼓吹自由贸易日久,以欺人始,以自欺终,这一有利于英国长远利益的主张并未成为新政策。随之,日本在1900年爆发了第一次经济危机。

(16)1907—1908年,第十六次世界经济危机

1907年,法国生产了5.5万辆汽车,超过美国的4.4万辆。但是,带动这一轮高涨的主要因素仍然是铁路和重工业建设。许多新兴工业的崛起,这一轮高涨本来可以指望持续时期比较长,但是,创业投机猖獗,使这一轮高涨暴起暴落。在美国,这次危机引起的生产下降比以往任何一次都严重。与美国经济联系密切的英国首当其冲,危机深度仅次于美国。1907年,法国的工业生产下降了6.5%。

这次危机以后,德国工业实力明显超过了英国。德国的钢铁产量比英法两国的总和还多,机器制造业发展迅速,电气、化学等工业成为德国的骄傲。

(17)1929—1933年,第十七次世界经济危机(大萧条)

1929年10月24日,纽约股市暴跌。从那时起至1932年,纽约股票价格跌掉1/6以上,全美证券贬值总计840亿美元。纽约股市暴跌后,美国经济陷入了危机。美国大量抽回对德国的投资,致使德国经济全面崩溃。英国在德国也有大量投资,英国证券市场应声倒地,经济陷入危机。法国经济的独立性相对高一些,但也摆脱不了对国际市场的依赖,而且,此前法国经济本身也出现了投资过热,到1930年,法国终于陷入了危机,一场席卷

全球的大萧条拉开了序幕。

第二次世界大战之后：

（1）1957—1958年，第一次世界经济危机

这次世界经济危机是在第二次世界大战结束至布雷顿森林体系崩溃的国际经济良性循环阶段发生的。问题在于，良性循环中，各方的收益却并不平衡。日本和西德工资低，货币定值低，随着投资不断扩大，其国际竞争力迅速提高，贸易顺差不断增长。而英国和美国则相对衰落，经济增长率只有德、日的一半左右。英国存在经常性的贸易逆差，英镑危机频繁；美国的贸易顺差也不断缩小，至1958年时第一次出现33.5亿美元的国际收支逆差，导致大量黄金外流。危机随后便影响了英国、西德、日本等国，但除英国外，程度都比较轻，因此，这次危机没有被认为同期性世界经济危机。

（2）1973—1975年，第二次世界经济危机

在美国，危机从1973年12月持续到1975年5月，GNP下降了5.7%，工业生产下降了15.1%，其中，建筑、汽车、钢铁三大支柱产业受打击尤为严重。各主要资本主义国家几乎同时在1973年12月爆发经济危机，日本受危机的打击最为严重；英国的工业生产下降了11%，股市崩溃；西德的工业生产下降了10.9%，但总的来看，西德受影响的程度比美、日、英等国轻。

（3）1980—1982年，第三次世界经济危机

英国于1979年7月陷入危机，于1981年5月达到最低点；由于西德马克不断升值，工资成本提高迅速，国际竞争力下降较快，西德的危机更严重；日本受危机的影响最轻，危机持续时间最短，没有出现连续6个月生产下降的情况，而且下降的幅度很小。1985年起，日本成了世界上最大的债权国。

（4）1990—1991年，第四次世界经济危机

这次危机经历了约两年半的始发阶段，即1987年10月至1990年初，经

第四章
经济全球化时代的货币大战

历了为时3个季度的恶化阶段,又经历了约两年半的危机后期阶段,共历时5年又3个季度,呈现W+W型。直至1993年9月23日,美国财政部长小劳埃德·本森特在华盛顿就即将举行的七国集团财政部长会议一事向新闻界吹风时,仍将包括美国在内的七国集团的"经济衰退"比作一架等待起飞的飞机,说"我们至今还没有滑出跑道",并呼吁日本和西欧作出努力,"以避免发生连续第五年的全球经济萧条"。

日本的情况更糟糕,从1991年起,日本经济陷入了长期危机或萧条。西德正处于"统一景气"中,于1992年第二季度陷入危机。这次危机在深度和广度上均超过西德前三次危机。

除美国以外,日本、德国及西欧主要国家事实上并没有彻底摆脱战后第四次世界经济危机,而是陷入了长期萧条。由于国际金融体系的高度流动性,日本和西欧及第三世界各国的经济萧条反而促使资本源源不断地流入美国,使美国经济获得了意外的营养。

(5)1997—1998年,第五次世界经济危机(亚洲金融危机)

在美国提高利率、美元增值的背景下,货币与美元挂钩的亚洲国家出口不断下降。1997年7月,随着泰国宣布泰铢实行浮动汇率制,亚洲国家普遍出现货币贬值,爆发金融危机。此次危机中,印尼、泰国和韩国是遭受损失最为严重的国家。三国GDP在两年内分别缩水了83.4%、40%和34.2%。

(6)2000—2006年,第六次世界经济危机

随着2000年4月美国纳斯达克股票市场的崩溃,美国经济逐渐陷入危机,并带累世界各主要工业国和第三世界各国经济的衰退。这是一场更大规模的世界经济危机。由于这场危机在20世纪80年代初和90年代初两次被推迟,一切可用的财政和金融手段都已用尽,其烈度将超过20个世纪30年代。与30年代不一样的是,这次再也没有财政和金融手段可以施展了。

(7)2007年至今,第七次世界经济危机(美国次贷危机及全球金融危机)

长期以来,美国金融机构盲目地向次级信用购房者发放抵押贷款。随着利率的上涨和房价的下降,次贷违约率不断上升,最终导致2007年夏季次贷危机的爆发。这场危机导致过度投资次贷金融衍生品的公司和机构纷纷倒闭,并在全球范围引发了严重的信贷紧缩。美国次贷危机最终引发了波及全球的金融危机。

2008年9月,雷曼兄弟破产和美林公司被收购,标志着金融危机的全面爆发。随着虚拟经济的灾难向实体经济扩散,世界各国经济增速放缓,失业率激增,一些国家开始出现严重的经济衰退。

2008年12月,全球多家央行再度同步大幅降息。美国当选总统奥巴马宣布制订"经济复兴"计划;美国非农就业人数创24年来新低,金融危机对实体经济的影响显著。

2009年,一场突如其来的甲型H1N1流感疫情在全球蔓延,这对已深受衰退之苦的全球经济而言无疑是雪上加霜。潜在的经济损失可能达3万亿美元,并造成全球GDP约5%的萎缩。

2.必不可少的经济萧条

由次贷危机到金融危机再到全球性的经济危机,在短短不到两年的时间里,世界经济就由一片繁荣进入了全面萧条:国际贸易急剧萎缩,资产价格纷纷跳水,众多企业倒闭,失业率急剧攀升。以出口贸易为经济支

第四章
经济全球化时代的货币大战

柱的国家所受到的打击尤为严重：日本、俄罗斯的GDP在2009年第一季度均以年率一成以上的幅度负增长；一直马力强劲的中国经济引擎也有了冷却的迹象，沿海出口加工型的中小企业陷入了大规模的倒闭潮。新闻媒体也难得抓到了题材，危机报道铺天盖地，似乎世界经济的末日即将来临。于是人心惶惶，一向习惯于大手大脚花钱消费的西方国家民众也纷纷捂紧了钱包，美国的储蓄率甚至攀升到了5.7%的水平。

很多人把这一轮全球性的经济危机与1929年的世界性经济大萧条相类比，因为两者有太多的相似之处。1929年的大萧条同样是由华尔街的金融泡沫破灭引爆，并迅速席卷全球。此外，也同样是在长期的经济繁荣之后迎来的经济大滑坡。但明显的不同之处也是有的。以危机发源地美国为例，虽然此次经济危机确实导致了多家知名大企业倒闭，但美国的失业率并没有攀升到1929年那样夸张的水平：1929年的大萧条中，美国的失业率迅速攀升到25%；而这次危机中，美国的失业率大约上升到了9%。此外，在GDP方面，1929年大萧条后，美国的GDP在3年多的时间内缩水了1/3；而这次危机中，美国经济虽然也是负增长，但2.8%的幅度远低于前者。最重要的是，1929年的大萧条中，最发达的国家也出现了大面积的饥饿现象；而今天，这场危机中西方发达国家的生活水平并没有太大的改变，没有出现像1929年大萧条中那种从繁荣和富足突然滑坡到贫困的现象。总而言之，这的确是一场全球性的经济危机，但这场危机并非像媒体炒作的那样是近100年来少有的危机，而仅仅是100多年来无数"经济危机"中比较大的一个而已。

回顾一个多世纪以来的世界经济史，我们可以发现，繁荣之后必然是萧条，萧条之后又会迎来繁荣，这种周期就好比春夏秋冬一样循环。

所以，实际上，萧条本身是很寻常的事，是经济发展的必然产物，同样也是现实的经济发展所必需的。都说"瑞雪兆丰年"，为什么瑞雪会带来丰年呢？那是因为瑞雪这个"白色杀手"杀死了大量过冬的害虫和各种病菌,为来年的作物生长创造了良好的环境。热带地区没有寒冬,是各种疾病包括传染病最易滋生的地方,这种地方虽然有着丰沛的雨水,但农业却远不如温带发达。再放大一点角度看,我们可以发现,热带地区除了像新加坡这样的"袖珍国"之外,再没有其他发达国家。严寒的确是令人非常不快的,为了抵御严寒,人们不得不在取暖燃料及御寒的衣物和设施上投入大量资源,但与寒冬所起到的至关重要的作用相比,这些成本都显得不足为道。那么,经济发展中的萧条与四季中的寒冬真的存在内在的相似性吗?答案是肯定的。

直到今天,人们对经济活动的理解和认识还是非常有限的。经济学也可以说是一门相当原始的科学,特别是宏观经济学,或许还不能称为"科学"。每当新技术出现,经济开始繁荣膨胀,人们实际上并不知道未来会如何。举个例子:试想30年前个人电脑刚被发明出来的时候,谁能想到未来个人电脑能够成为一种走入千家万户的普通"家电"?当然更难想象到它的技术能力竟会有如此巨大的跃升,使得今天的"个人电脑"的计算能力远超过以前那些耗资亿万的巨型计算机。在市场经济条件下,由于资本的逐利本性,经济泡沫自然会被吹大,技术革新带来的财富"矿藏"深不可测,总会有大量冒险的资金来这里挖掘。"矿藏"丰富的时候,自然少不了一本万利的财富神话,而率先来此挖掘的人们,除了少数失败者,大多赚得盆满钵满。财富效应吸引了众多资金聚集,在对"矿藏"的争夺中,人们更倾向于把想象力发挥到极限,赌这个"矿藏"的极限。而这个"矿藏"的储量又往往会屡屡超出人们的想象,如此,人们自然会从最初的谨慎走向大胆再走向疯狂,拿来豪赌的资金越来越多,经济泡沫由此形成。

20世纪90年代末的网络泡沫中,口号就是"烧钱",办一个网站靠烧钱"烧"出知名度,然后直接在成本数字后面加个0卖给下一家……这就是疯狂时的情景。这种疯狂一方面是由于资本贪婪和逐利的本性,另一

第四章
经济全球化时代的货币大战

方面则出自人们对经济活动实质意义上的无知。经济泡沫中,总有人大发横财,但是当泡沫膨胀到一定程度时,必然会沦为一场"击鼓传花"的赌博游戏。当然,总要有人接到最后一棒,为这场"狂欢晚会"埋单。大量的资金在经济泡沫上囤积,必然会扭曲资源配置,带来整体社会经济效率和财富的损失。市场经济的本质决定了它作为赌场的时间必然是短暂的和局部的。市场经济的开放性,使得财富"矿藏"储量并不丰厚的"坏消息"迅速传播开来,前来的投机资金也会闻风"无组织、无纪律"地争相夺路而逃,泡沫便会因此破灭。萧条是一个好工具,它能定期清理资本泡沫的"赌场",让"赌徒"们四散而逃,迫使他们去干点儿更有益的事情,为下一轮的经济繁荣奠定基础,无论从哪个角度讲,都是利国利民的大好事。

但是,就好比人们需要为冬季付出额外的成本一样,萧条往往也意味着巨大的成本,很多人会因此损失惨重。但这种损失跟"整个社会的资源错误配置能得以纠正"这样的巨大收益相比,又是微不足道的。单单拿第二次世界大战结束以后来说,西方国家经历了多次经济萧条,但这并不影响这些国家取得经济上的巨大进步和生活水平上的飞跃提高。

反观东欧国家,好像一直"欣欣向荣,没有经济危机",但当40年之后真相揭晓之时,人们却发现,所谓"没有经济危机",是因为这些国家几乎每天都处于经济危机之中。号称消灭了萧条的中央计划经济并没有消灭萧条,反而消灭了繁荣,把萧条由短暂的、周期性的东西变成了恒久的常态。今天,仍然有一个残酷的数据是:在东西德合并将近20年之后,德国东部与西部的生活水平落差仍然达到10年左右,这还是在西部为东部提供了巨额的重建援助的基础上才达到的。要知道,当年搞中央计划经济的东德"没有过"经济危机,而搞市场经济的西德是隔三差五就闹经济危机。

从以上的历史及分析中,我们可以看出,市场经济条件下的萧条和经济危机并非像想象中那么可怕、糟糕,事实上,它们对于经济的长久繁荣起到了不可或缺的作用, 是市场经济条件下经济发展所必然要经历的阶段。

因此,面对经济危机,我们应该保持理性和自信的心态。就如严冬来临,我们会花一些费用给房子供上暖气,购置厚实的衣服以御寒,而绝不会慌慌张张地企图花费巨资弄出一个超级大火炉来"制造"大地回春——因为常识告诉我们:这样的做法不仅代价巨大,而且注定徒劳无功。

3.长期持久的全球货币战争

虽然美国次贷危机现在还影响着世界经济,但却是美国、欧洲和日本三大银行中心影响国际资本流动,并形成长期持久的全球货币战争。

美国,资本争相涌入

20世纪末,受国内需求推动的美国经济持续稳定地增长。美国经济这一强劲的势头,就像"龙卷风"一样将越来越多的国际资本吸到美国本土。现在,美国相比于中国、亚洲和拉丁美洲,是更受投资者青睐的国家。投资者都认为美国是当今世界上真正的"新兴市场"。

美国的这种使世人惊讶的国内需求,主要是受其国内一波又一波持续不停的高科技革新浪潮带动的。有数据表明,1999年的美国其他消费品的消费总额是3000亿美元,而信息技术产品或者是与信息技术有关的产品的消费总额是3120亿美元,相比之下,非信息技术产品的消费足足少了120亿美元。

在美国,无论是公司组织还是个人,都一直在投入大量的金钱,追逐着一浪又一浪的科技革新浪潮的步伐。首先开始的是个人电脑的大量普及,然后是不计其数、多种多样的旨在提高和扩展电脑工作能力的电脑应用软件倾闸而出,再则是企业局域网的发展,接着是1996年互联网和网络经济、电子商务等突然出现,再后来是现在的光纤和宽频设施的大量基建式的铺设和应用。

今天,无论是公司组织还是个人,都疯狂地涌向宽频通信及其在网络上的应用等领域。据调查,2001年2月,速度快到无与伦比的网络二代原型在大约180家著名院校的研究中心、高科技公司和政府部门之间开始运作,另一个"猛削成本"的时代在这一刻开启。然后,又出现了脱毫微技术、量子计算学和生物工程学。因为随着人类基因图描述的完成,生物工程学将会大量应用。总之,再往后的几十年,科技革新的步伐将会不断加快,其"日程表已经排得满满的"。

这些科技变革的步伐是难以遏制的,因为其不断前进的步伐是被一些非常有吸引力的商业动机所促使的:不可抗拒的"成本削减"需要和生产力提高的商业欲望。美联储曾经想用他们百试百灵的利息率政策来控制这种"有目共睹的"由科技革新引起的国内经济的"过度需求",但是从事实来看,这次他们是估计错误了。虽然利息率的提高使公司的财务成本激增,但是,美国公司并不惧于此,他们对此的反应是更坚定地运用更新的技术来更快降低成本。

但是,这种如此美好的景象却没有在欧洲和日本出现。每年,欧洲和日本高科技公司的60%~70%的销售收入都投资到了美国市场。在欧洲和日本,公司组织和个人在认同和接受信息科技产品与网络服务方面的能力明显比美国弱许多。在欧洲和日本,人们虽然认为这些产品和服务确实新奇,但只是将它们当成"玩具"和娱乐,并没有将它们与赚钱联系在一起。而在美国,这些信息技术产品和网络服务已经被普遍接受为一种能降低成本、提高生产力的工具,而新奇和好玩只是第二位而已。

在美国,富于竞争精神的企业家阶级人数与蓝领工作者的比例是1.3:1,这个企业家阶级一直是那些"削减成本"的科技变革的最积极的倡导者和支持者。而在欧洲和日本,那种企业家阶级却少得可怜,而且,那些所谓的企业家并不是科技变革的积极拥护者,它们只是一群依赖政府保护才能生存的"关于规避风险的店主"。

由此可以得出以下的结论:美国的经济会在持续的国内需求推动下继续前进;欧洲和日本要么通过依赖美国的出口推动经济的增长,要么经济停滞。只要像美国的那种富于冒险和竞争精神的企业家阶级还没有在欧洲和日本出现,欧洲和日本的社会或企业中的技术革新率就会落后于美国,美国公司的收入或盈利能力的增长也会高于欧洲和日本相应的公司。

一旦这样,将会促使一波又一波的资本争相涌入美国,而造成其他国家——即使是有很高的储蓄倾向的国家——的投资资源流得"一滴不剩"。

于是就出现了这样两种现象:美国经济持续自我增长;各个中央银行围绕"资本流动目标"转动,而不是传统的"通货膨胀目标"和"货币供应目标"。

欧盟的经济现状

总体而言,欧盟经济的基本面是不错的:内需仍然是经济增长的主要动力,就业保持着强劲的增长势头,失业率已下降到25年来的最低水平。

尽管如此,考虑到目前金融市场动荡的潜在影响和实体经济面临重新定价的风险,欧元区总体良好的经济前景也面临着较大的不确定性。欧洲中央银行行长及十国集团央行会议主席让·克洛德·特里谢说,未来欧元区经济增长面临的风险主要是下行风险。这些风险的相关因素主要包括:金融市场风险重估对融资条件、市场信心及对世界和欧元区经济增长产生的潜在深远影响;石油和商品价格可能出现进一步的上涨;由于全球经济失衡导致的贸易保护主义抬头和经济无序发展。

第四章
经济全球化时代的货币大战

由于欧元区使用单一货币,欧洲央行在区内实行统一的货币政策,因此,在决策时不会特别考虑某个成员国具体的经济状况,而是把拥有3.2亿人口的欧元区的整体利益作为制定货币政策的基本出发点。与存在地区差异的中国、美国等大型经济体一样,欧元区也是一个巨大的经济体。对欧元区而言,存在地区经济差异是正常的。由于条约已经把各成员国团结在使用单一货币的经济体内,对欧洲央行来说,重要的是在制定货币政策时维护整个经济体的共同利益。

随着欧元区经济一体化的不断深入,欧洲央行实行统一货币政策的基础变得更为坚实了。

首先,在欧元区内部成员之间的货物和服务贸易方面,经济一体化表现得日益突出。从1998年到2006年,欧元区区内货物进出口占GDP的比重上升了6个百分点,大约占到GDP的32%;服务进出口上升了2个百分点,大致占到GDP的7%。在地区贸易一体化不断加强的同时,欧元区也以更加开放的姿态面向世界。1998—2006年,欧元区对外的货物进出口比例增加了9个百分点,大约占到GDP的33%;对外的服务进出口比重大约提高了2个百分点,接近GDP的10%。

经济一体化的第二个表现是欧元区成员国商业周期发展的同步化程度迅速提高。这种同步化程度自从20世纪90年代初就开始逐步加强。如今,大部分欧元区经济体都处在相似的商业发展周期。

经济一体化的第三个特征是欧元区国家近年来在通货膨胀方面的差异明显缩小,该差异甚至比目前美国14个大城市统计区的通货膨胀差异还小。同样值得关注的是,欧元区国家之间的实际GDP增长率差异变化情况几乎与美国各地区的产出增长率差异水平相似。

4.警惕热钱风险

　　热钱,又称游资或者投机性短期资本,通常是指以投机获利为目的快速流动的短期资本。热钱进出之间往往容易诱发市场乃至金融动荡。热钱流动速度极快,一旦投资者寻求到短线投资机会,热钱就会涌入,而投资者一旦获得预期盈利或者发现投资机会已经过去,这些资本又会迅速流走。热钱的投资对象主要是外汇、股票及其衍生产品等,具有投机性强、流动性快、隐蔽性强等特征。

　　热钱形成也是有一定原因的。

　　首先,20世纪七八十年代,一些国家开始放松金融管制,取消对资本流入、流出国境的限制,使热钱的形成成为可能。

　　其次,新技术革命加快了金融信息在全世界的传播,极大地降低了资金在国际间的调拨成本,提高了资本流动速度。

　　再次,以远期外汇、货币互换和利率互换、远期利率协议、浮动利率债券等为代表的金融创新,为热钱提供了新的投资品种和渠道。

　　这些因素加速了金融市场的全球化进程,使全球国际资本流动总量大幅增加,热钱的规模和影响也随之越来越大。

　　热钱流入国内的渠道有很多,主要有以下几个。

　　(1)虚假贸易

　　中国国内的企业与国外的投资者可联手通过虚高报价、预收货款、伪造供货合同等方式,把境外的资金引入。

　　(2)增资扩股

以"扩大生产规模""增加投资项目"等理由申请增资,资金进来后实则游走他处套利;在结汇套利以后要撤出时,只需另寻借口撤销原项目合同,这样,热钱的进出就变得很容易了。

(3)货币流转与转换

市场上有段顺口溜可说明这一热钱流入方式:"港币不可兑换,人民币可兑换,两地一流窜,一样可兑换。"国家外汇管理局在检查中发现,通过这种货币转换和跨地区操作的办法,也使得大量热钱"自由进出"。

(4)地下钱庄

地下钱庄运作是这样的:假设你在香港或者境外某地把钱打到当地某一个指定的账户,被确认后,内地的地下钱庄就会帮你开个户,把你的外币转成人民币,根本就不需要有外币进来。

热钱侵袭,会给国家带来不少危害,这些危害主要有:

(1)会对经济造成推波助澜的虚假繁荣

热钱在赌人民币升值预期的同时,乘机在其他市场如房地产市场、债券市场、股票市场等,不断寻找套利机会。

(2)造成股市震动

据有关资料显示,2008年以来,A股市场与国际股市联动密切,证明有大量热钱在我国股市上活动。我国外汇储备减贸易顺差的值与上证指数呈现出一定的正相关性,由于热钱进出频繁,放大了股市的震荡幅度和投资风险,不利于证券市场平稳健康发展。

(3)加剧楼市泡沫

由于我国房地产市场发展时间不长,尚未形成完整有效的市场管理机制,境外热钱流入我国房地产市场,容易刺激房价增长过快,受其影响,境内居民往往跟风入市,热钱汇集,将房价越炒越高,与真实价格脱离,出现房地产泡沫。尤其是热钱主要投资于高端市场,如高档住宅及其他豪华地产等，而我国境内居民需求则以普通住宅和经济适用房为主，因此加剧了我国房地产市场开发供应结构的不合理,使大量资金过度追逐房地产,造成银行房贷规模快速扩张,贷款风险向银行转移,房地产价格泡沫指数上升。

(4)扰乱金融秩序

大量热钱的侵袭加速了我国外汇储备的增长,而外汇储备的增加必然带来外汇占款的增加,不断增加的外汇占款又会形成基础货币的内生性增长,从而迫使央行投放基础货币。

(5)增加信用难度

热钱在我国的主要藏身处,除通常的股市和楼市外,还有商业银行。热钱有可能就趴在银行的账户上坐等人民币升值,以获得可观的投机收益。这些热钱大量地流入流出,显然会加大各商业银行的信用调控难度,破坏信用的稳定。

未来,热钱涌入中国将很可能成为常态,因为美元、欧元很可能保持较为宽松的状况,这会带来全球性的流动性过剩。同时,随着中国经济实力的壮大,劳动生产率的不断提高,人民币对各主要货币存在长期升值压力,国外投资者会长期看好人民币,而人民币也正被国外中央银行等机构认为是长期的储值货币,能在一定程度上取代美元。在这种情形下,人民币在境外势必会形成一定的流通规模,并且,这些境外流通的人民币也不可避免地会返回境内寻求投资渠道，这也是资金流入的另一种方式。

应对热钱涌入最根本的措施，就是不断扩大中国资本市场的规模,包括股票、债券等一系列金融产品的规模。目前,中国资本市场的规模已经进入世界三甲,但因为中国的货币存量已经高达10万亿美元,位居世界第一,同时,中国又在不断吸纳各种资金流入,从客观上讲,资本市场仍然需要不断发展壮大。只有在总体规模不断扩大的基础上,中国资本市场才能保证资产水平不至于出现泡沫,不至于与境外资产价格过分脱节。而这也能在很大程度上化解热钱涌入的风险。如果把中国经济比作一个水库,那么,不断涌入的热钱就相当于流入的水,我们现在应当扩大水库的库容,让水位与外界基本齐平,防止暴涨暴跌,防止形成堰塞湖。

在热钱不断涌入中国时,我们的另一个重要措施就是要积极探索国内企业和居民获得外汇储备、将人民币资产转换成外汇资产出国投资的途径。显而易见,这一措施可以带来资金的双向流动,让热钱的流入和资金的流出之间形成一个合理的均衡机制。更重要的是,我们希望出国投资的资金能够获得比流入热钱更高的回报,从而以海外的高回报对冲境内投资的较低回报,从整体上提高中国经济投资主体的投资效率。这也是促进资金双向流动和人民币国际化的重要措施。

5.中国的金融安全

金融安全是经济安全的一个重要组成部分,而且在经济安全中,金融安全具有举足轻重的地位。凡是与货币流通及信用直接相关的经济活动,都属于金融安全的范畴;一国国际收支和资本流动的各个方面,无论是对外贸易,还是利用外商直接投资、借用外债等,也都属于金融安全的范畴,其状况如何直接影响着经济安全。金融作为国民经济的神经中枢,"是现代经济的核心,金融搞好了,一着棋活,全盘皆活"。如果金融不安全,就会危及国民经济全局的安全。

在国际经济活动中,金融风险的大小与该国对外依存度的高低是呈正比例变化的,即对外依存度越低,则该国面临的风险就越小;反之,对外依存度越高,则该国面临的风险就越大。这是经济国际化发展过程中的客观规律,是不以人们的意志为转移的。

20世纪80年代中期以来,随着国际分工和跨国公司的迅速发展,国际贸易和国际资本流动都达到了空前规模,经济全球化发展势不可挡,而我国的对外开放也逐步适应了经济全球化这一不可逆转的潮流。近年来,我国金融业的对外开放正在向广度和深度发展,在华外资金融机构的数量和种类迅速增加,业务规模也在逐步扩大,外资金融机构在我国金融业中的影响日益增强。到1997年,在华外资金融机构代表处已达544家,外资营业性金融机构达173家。在华外资金融机构数量持续增加的同时,其资产总额、贷款和存款总额等主要业务指标也都保持了高速增长,外资银行在我国内地资产总额占我国金融机构总资产的比重为2.7%,占内地金融机构外汇总资产的比重为16.2%。

当前,中国经济改革、对外开放与社会转型已进入关键期,国内经济社会矛盾集中于金融。虽然因大张旗鼓的改制而露出近似浴火重生的曙光,但在国际金融环境日趋复杂险恶、内在脆弱性不断加剧的夹击下,中国金融业依然是诟病丛生、积重难返,依然是制约中国经济增长、国家崛起的最大风险因素,依然是中国经济安全最薄弱的环节。

影响我国金融安全的主要因素包括以下内容:

(1)资本的非法流出入

1990—1996年,我国有6年存在着国内储蓄率大于总储蓄率,即国外储蓄率为负数,从而出现了国内资本大量外流和国外吸收国内储蓄的情况。在资本流动中有一部分属于资本非法流出入。一般来说,资本非法流出入是指国家货币管理当局明文规定所禁止的资本流入和资本流出活动,这种资本流动采取不合法或不公开的方式,通过非正常渠道或混入正常渠道进行。

(2)外商直接投资产生的负效应

吸收和利用外商直接投资具有双重效应,即不仅可以产生正效应,也会产生负效应。所谓负效应,就是指在吸收和利用外商直接投资的过程中,外商直接投资产生的消极作用及其给受资者即东道国造成的不良影响。

外商直接投资的负效应主要有两种类型:一是外生因素产生的外商直接投资负效应,一般是指由资本趋利性所驱动,通过外商投资者的各种行为活动而产生的负效应;二是内生因素产生的外商直接投资负效应,是指受资者(即东道国)在引进外商直接投资的过程中,由于政策失误、管理不善或调控不力而造成的负效应。外商直接投资的负效应严重威胁着我国的金融安全。在我国,由外生因素产生的外商直接投资负效应主要包括以下几个方面:部分经济自主权受损,如一部分经济发展权被外商所控制;在市场份额上付出代价;影响经济政策的效果;转移利润和逃避税收;转嫁投资风险;转嫁环境污染;等等。

(3)外债运行存在着潜在风险

到1997年底,我国外债余额已相当于我国全部外汇储备的94%。按照国际上通行的一些衡量指标,我国外债规模被控制在国力所能承受的范围之内,各种外债风险指标均低于国际公认的警戒线(即外债安全线),更远远低于危险线。例如,1997年,我国的偿债率为7.3%、债务率为63.2%、短期债务比率为13.9%,而国际公认的偿债率的警戒线为20%、危险线为30%,债务率的警戒线为100%~120%、危险线为200%,短期债务比率的警戒线为25%;从负债率来看,1996年,我国负债率为14.3%,而国际公认的负债率的警戒线为20%。从外债风险指标来看,我国外债状况良好,似乎并不存在问题。但是,如果从外债运行来看,我国外债存在的潜在风险就不可低估。外债运行中的这些风险目前存在着扩大的趋势,这会对我国金融安全产生较大的威胁。

(4)金融体制改革的非均衡性

我国金融体制改革存在着非均衡性,新旧体制过渡中,体制交替引起的混乱导致金融体系运营效率下降,资金配置效率下降,金融风险增加。我国金融体制改革虽然已经取得了很大的进展,但金融体制还具有明显的过渡性,完善的金融监管体系尚未完全建立起来,使得金融风险发生的概率增大。我国金融体制改革的非均衡性在一定程度上增加了金融风险,是威胁金融安全的一个重要因素。

6.货币战争中的中国未来战略

从1997年到2007年这10年间,美元先升后贬,世界经济先抑后扬,以金砖四国为代表的新兴经济体经济飞速发展,资源价格大涨,全球进入高通胀时期。伴随着这10年来的运筹帷幄,这场旨在维护美国霸主地位、捍卫美元金本位制度的军事金融战争逐步进入尾声,虽然终场的哨声还没吹起,但从场面上看,游戏的主动权逐步掌握在了美国人手里,相对其他选手,其拥有的巨大优势实在不能小看。

在这波金融乱局中,美国最大的战略目标是欧元。若美国占据优势,对欧元来说无疑是一次巨大的打击,这会直接导致欧元的前景看淡;反之,则会对美元本位造成巨大的冲击,甚至直接导致美元本位的崩溃。

而对于发展中国家来说,高币值会让它们的经济陷入崩溃,可不实行高币值,如果处理不当,又会因通货膨胀而导致经济崩溃。事实上,欧洲货币——欧元,在2002年1月到6月之间就已完成对欧洲各国货币的转换,而日本银行亦需要用这段时间在通货紧缩的环境中提高利息率。这样就形成了全球资本市场的大混战。一方面硬进攻,想登陆夺取阵地;另一方拼命抵抗防守,企图保住阵地。欧洲中央银行和日本银行尽力想使资本流回本地区,美国则是尽力想要保持资本的继续流入。

不需要什么特别的经济结构上的改革,利息率的运用和外汇储备的投入就是这场资本战争的最有力的武器。

如果美联储将利息率升高1.5个百分点,这不但会对美国国内生产总值的5%增长速度毫无影响,还可能会引发新一轮的资本流入狂潮;而如果欧洲升高0.5个百分点,虽然会给欧元汇率一个上升的动力,但随后将会遏制欧洲本来就十分脆弱的出口导向,并可能会引起资本的大量流出,从而反过来使欧元更脆弱;如果日本突破零利率水平,这虽然会提高已经欠下12万亿美元债务的退休人士和领取抚恤金者的收入水平,并在一开始时至少会加强日元,但是利息率的升高将会迫使财政部门提高税收,将日本已经难以支撑的经济复苏变成"自作自受"的经济萧条,从而葬送日元和整个日本经济。

或者,欧洲可以投入3000亿美元的外汇储备来保护欧元。如果这样做,那么,其处境将与滑铁卢战役中的拿破仑相似。同时,欧洲的高科技公司一直向美国进行"对外直接投资",为的是购买那些必不可少的只有在美国才能买到的发展已经成熟的高科技产品和服务。欧洲的这项"对外直接投资"每年达1500亿美金,也就是说,为了继续将这个高科技游戏玩下去,欧洲每年必须花费过半的外汇储备来购买那些贴着美金标签的资产。

因此,在今后的几年中,唯一能够真正理解市场和经济行为的新分析模式应是"战基模式",亦即试图阐明战斗者的策略运筹及其领导的"军队"的强势和弱势的模式。那种曾经在教科书和专业知识手册中叙述的传统分析模式将会把那些不相信外面的世界正进行着"货币战争"的投资者置于"危险地带"。

金　融　硝　烟
Financial smoke

美、欧货币霸权争夺，最终目标是世界净储蓄，而世界净储蓄的主要产生地只有一个，就是东亚——世界产业布局经过一系列变化之后，制造业主要都集中于东亚地区，而且，这一地区具有深厚的储蓄传统，目前，世界2/3的净储蓄额来自这里。

原本在20世纪90年代，东亚各国对美国的贸易顺差还呈现比较均匀的分布，1994年之后，中国凭借其先天固有的优势、强大的工业能力（重工业规模，中国比巴西、墨西哥、俄罗斯高5~6倍，比印度高10倍），以及庞大的国内市场，开始对东亚经济形成整合，而亚洲金融风暴又在客观上加速了这个过程。近十几年来，日、韩、东南亚诸国的贸易顺差从主要来自欧美变成主要来自中国，东亚内部贸易率从20世纪90年代初不到30%提高到了60%。中国"入世"之后，东亚经济格局从先前的均匀分布演变到现在成为中国对欧美统合进行贸易。

正是这个"出人意料"的变化彻底打乱了西方国家最初设想的理想世界：原本，无论货币霸权如何分配，贸易顺差都分散在各个发展中国家、地区，这些国家中，无论任何一个，对此都不具备发言权，而彼此之间对欧美贸易顺差份额的争夺也使这些国家很难结成严密的同盟，只能被动地接受欧美争霸的最终结果，而其他发展更加滞后的国家将无可避免地被排出"食物链"。而现在，由于中国的加入，以上的这种可能性已经不复存在。

最初，东亚经济出现整合的征兆时，美国已有所察觉——20世纪末激化朝鲜半岛局势，激化中日矛盾，激化南海主权矛盾，支持台独势力，都可以理解为美国对东亚经济出现整合趋势后的最初对策，企图重新打散东亚经济布局，打断东亚经济的整合过程。显然，现在的事实证明，这些手段都不怎么奏效，这一方面是由于中国制造业强大的竞争力，另一方面也得益于中国政府在面对周边潜在冲突时超乎寻常的定力。

世界上未必所有的付出都有回报，但中国这20多年来的付出的确是有所回报的。20世纪90年代以来,中国政府一直要面对周边潜在的地缘威胁和国内民族主义的一片骂声, 而在这两重压力之下却还依然故我地维持着可以说有些笨拙的隐忍政策, 而其回报则是:2001年以来,中国经济的崛起已经将东亚地区的贸易顺差高度地集中起来, 美国贸易逆差2/3来自东亚,其中中国一家所占份额超过了50%。一个延伸出来的效果是:由于中国制造业产品出口对其他国家保持着优势,使得这些国家不敢随意地调整本币的汇率,必须紧盯人民币汇率,这就使得中国逐渐可以间接主导东亚各货币的汇率变动, 从而建立一套新的区域货币关系。就这样,原先西方国家想定的国际新格局因为突然间硬生生地加进了中国这个新棋手而被彻底颠覆——整合了东亚经济的中国主导着世界2/3净储蓄额的流向,而无论是美国还是欧洲,对净储蓄的来源地都没有选择。

至此,对比1971年,虽然环境和主题都已改变,但当时的那种感觉却又回来了:对美国而言,所谓的双赤字政策到现在已经积累了数万亿美元的债务,而且,其双赤字现在正在以平均每秒2万美元的速度增长,而双赤字的扩大使得大笔的美元无法回流到美国,于是便造成了国际范围的美元过剩,在这之后,则非常可能是一场世界范围的大通胀——从石油到食品,一连串的价格上涨便是先兆,一旦发生,则意味着美元以及美国的国家信用都将迎来末日;欧元崛起之后,已经成为欧盟内部贸易的主要流通货币,一部分铸币权已经从美国手中滑落到欧元区国家,而且欧元的强势已经在此之前抵消了美联储数次加息的努力。

而对中国而言,如前所说,以中国为核心的新东亚产业布局已在成型之中,而围绕人民币的新的货币关系则使得我们拥有了"有中国特色"的"币缘"优势。离开中国,无论是美国还是欧盟,都不可能完成与东亚的经济对话;与之相对的是,如果美元本位制国际货币体系最终崩溃,那么世界范围的经济衰退肯定不可避免, 但这并不代表中国就过不下去,中国十多亿人的国内市场消费能力还远没开发出来——之所以有人说中国经济会步日本后尘,就是没有看到中国的这一潜在优势。美国在对日谈判上能压制日方,其根本原因在于日本国内消费早已饱和,日本在出口问题上没有退路,而中国并不存在这个问题。

上一轮中美接近,中国所解决的是地缘安全问题,而这一次,中国的利益首先着眼于"币缘"问题。从产业布局上说,目前中国所整合的制造业主要还只是居民消费类产品,在发达国家产业体系中,这块所占比例仅仅是1/4~1/3,真正的"大头"在重化工业上。以机床的数控化说,目前中国刚过30%,而发达国家平均水平是60%,美、日为70%。换句话说,中国的工业化道路还远没走完,同样,发达国家的重化工业重新布局也才刚刚开始,中国未来一段时间的出口经济,其核心任务已经不是再去赚更多的外汇,而是在于靠"外需"与内需一同拉动工业化进程。同时,目前人民币的地位与中国经济规模是很不相称的,未来需要使人民币成为东亚地区区域储备货币之一。从满足这两点诉求上说,中国有三套方案可供选择:与美国协调美元政策,保持现有的国际金融体制不被打破,以现有的经济秩序完成中国的工业化;主动与欧盟协调,增加持有欧元的数量,使得外汇储备多元化,而其后果是美元大幅贬值,全球经济"硬着陆",中国则在危机中利用储备积累获得利益;保持对欧美的中立政策,在后续经济波动中左右逢源,实现利益的最大化。

而相对于欧盟,美国的优势或者说是第一选项的优势在于,美国早已进入"虚拟经济"阶段,拥有"先发"的优势。中国对外贸易80%靠美元结算,和美元完全割裂,在一夜之间仅仅去依赖剩下的20%的贸易额,是不现实的,而且,世界性的经济危机客观上会推后中国的工业化进程。美国建立在货币霸权上的军事霸权反过来是美元最有力的支撑,而从这点上看,美元的稳定性高于欧元。当然,这些并不能抵消前面所说的中国在这场博弈中的"非对称优势",这一优势是根本性的,而且随着时间的推移,

第四章
经济全球化时代的货币大战

会愈发明显地显现出来——中国对美国而言是唯一的选项,而对中国而言,前述的另两个选项则并非不能接受。

历史告诉我们,当我们处于国际架构重新"洗牌"的时期,在国家关系中,任何对"长久""稳定"的追求都是不切实际的,甚至可能适得其反。美国与美元的前景至今仍不明朗,同时,美国近期在国际事务中的表现使得它的国际形象变得非常的糟糕,这些使得任何国家都难以找到把自己和美国完全捆绑在一起的理由, 中国当然也不例外。"中美战略性接近"这个总的"纲领"对中国与欧盟国家、与俄罗斯等国的关系而言,所意味的是改变,但并不是疏远。而从历史来看,我们不能忘记:在第二次世界大战最终战局尚未敲定的1943年,美英两国基于未来货币体系主导权的政治斗争就已经展开了;而在冷战中的20世纪60年代和70年代,为分得部分铸币权, 西欧国家同样曾刻意增加美元在金融市场的流通次数,以加大同一时间内美元的流通量,并以此引爆美元危机。同样,"中美战略性靠近"不等于说中美棋局中对抗的成分从此就烟消云散了,合作与对抗将同时存在,中国在国家的基本利益问题上,哪怕是一分一毫,也仍然需要通过主动进取才能得以解决。

伴随着最新一轮的全球化发展, 现在的大多数国家实际上都已是"虚拟经济"的参与者。中国的崛起是世界"币缘"战略格局中棋手的变化,中国之所以能够有资格做"棋手",一个重要原因就在于它可以作出超越一般的金融规则的选择:中国政府具有足够的行动力,无论是亚洲金融风暴还是"非典"时期,政府的表现都可以证明这一点;中国在"币缘"问题上对欧美具有"不对称"的优势,我们有十多亿人的国内消费市场,在国际"币缘"问题上具有多种选择,而对手则恰恰不具备这样的条件;除去消费市场之外,另一个问题在于能源:中国政府连续宣布发现大型油气资源、可燃冰,同时开始建立战略石油储备,这一切的背后,恐怕都有深远的考虑。

第五章

美国经济的双刃剑
——美元

1.回顾美元的中东之旅

从第二次世界大战之后说起。与美国一样,苏联同样是第二次世界大战的胜利者,但后者显然没有前者走运,战争给这个国家带来的不是财富,而是满目疮痍和2700万个亡魂,它所谓的强大不过是一部只能消耗资源的战争机器而已。想要恢复元气,除了尽快拿到德国100亿美元的战争赔款,就得依靠苏联储量丰富的油气资源,依靠和西方国家做能源生意来获得生产设备和原材料。

第五章
美国经济的双刃剑——美元

当然,美国人并没有给苏联这个机会,而是拉起了所谓的"铁幕",一来是出于意识形态,二来美国也需要给西方世界"制造"一个敌人,一个可以迫使西欧和日本必须唯美国马首是瞻的敌人。美国的目的在于全球扩张,解决苏联终归不过是一种手段而已,就如同后来要解决欧元一样,而在这之后所炮制的"中国威胁论",也与此如出一辙,这些都是后话。

而当时苏联的确为此作了具体的部署:1945年,为了获得达达尼尔海峡的控制权,以打通到达西欧的海上油路,苏联政府照会土耳其,要求废除1925年苏土两国的中立及互不侵犯条约,重新分割海峡的控制权;1946年,苏联拒绝按时从伊朗撤军,其目的在于获得与阿塞拜疆接壤的伊北部石油开采权。

这两件事情最早给了美国直接插手中东的机会。在此之前,美国只能与英国——这个中东实际的控制者——名下所属的石油公司进行合资,才能获取有限的利益;而现在,由于国力枯竭,原先控制中东的英国已经无力再继续援助和苏联对峙的希腊、土耳其两国。到了1947年的3月,美国开始代替英国向希、土两国提供援助,也就等于从英国人手里"接收"了这一地区的控制权。而在更早的1946年1月,本已被废黜的伊朗礼萨王室在美国的支持下,将苏联拒绝撤兵伊朗的问题提交到了联合国,最终迫使苏联无法染指伊北部的石油资源。紧接着,礼萨·巴列维国王在1949年、1953年接连发动了两场"保守主义政变",重新攫取了伊朗的军政权力。这之后,包括美金和F-14战斗机在内的各式"美援"随之滚滚而来。

美利坚在中东至此算是完成了"登陆",后续的扩张随之展开。历史教科书上是这样记载的:1947年11月29日,联合国大会通过决议,终止英国对巴勒斯坦的"托管",对这一地区进行划分,分别建立以色列和巴勒斯坦两个国家。1948年5月14日,以色列宣布建国,次日,阿拉伯联盟军队向以色列发起进攻,第一次中东战争爆发……

所谓的"终止英国托管",就是结束了英国对此处的控制,而由于手里握着美元贷款,1947年的联合国在西方内部事务上几乎就是美国的私人领地——在核心利益面前,美国人干净利落地把他"亲密的欧洲盟友"一脚踢出了中东。

颠沛流离了2000多年的犹太人终于拥有了自己的国家,但这个国家偏偏被美国建立在这个地方,而占巴勒斯坦地区总人口不过11%的以色列人却分得了这里59%的土地,这就注定了以色列自建国伊始,就肯定是美国先天而生的"盟友"——综观第一次中东战争初期的形势,当时阿拉伯国家处于十分有利的地位,以色列军队节节败退。

现在被奉为神话的以军的将领在那时惊呼"以色列军队无法抵挡阿拉伯国家军队的进攻,全军已处于崩溃边缘"。为扭转战局,以色列总理急电以色列驻联合国代表埃班说"以色列急需几周的时间来重新组织和装备军队","以色列需要立即停火"。

5月17日,开战的第三天,以色列的要求得到了满足,美国代表向联合国安理会递交了议案,建议安理会命令战争双方在36小时内停火。而尚对和西方合作存有一丝希望的苏联也要求安理会立即表决,并指责阿拉伯国家发动进攻,要求它们停止行动。不甘心失去中东的英国最初极力反对美国的建议,并声称会继续给予阿拉伯国家援助。但不久,英国又同意了美国的建议,并撤走了阿拉伯军团的英国军官,停止向埃及、伊拉克、外约旦提供武器。其中的奥秘,恐怕还是在"美金"上——对于"百废待兴"的英国,这才是最紧要的问题。

最终,阿拉伯国家被迫同意停火4周。这期间,以色列被美国重新武装了起来,得以"起死回生",这4周时间使阿拉伯人转胜为败,战争以一种令美国人和以色列人都满意的方式结束了——除加沙和约旦河西岸部分地区外,以色列占领了巴勒斯坦4/5的土地,共计2万多平方公里,比

第五章
美国经济的双刃剑——美元

联合国分治决议规定的面积多了6700多平方公里。代价则是96万巴勒斯坦人逃离家园,沦为难民,联合国所规定的阿拉伯国家始终未能建立。同时,由于英国态度的被迫转变,这次战争激化了阿拉伯国家和英国的矛盾。换句话说,英国在阿拉伯国家的影响力被美国人给终结了。

这以后,巴、以和平问题被成功地制造了出来,冲突——和谈——再冲突——再和谈……在一届又一届美国政府的反复张弛之下一直延续至今,各种协议、路线图不断地翻新花样,唯一不变的是,中东石油的控制权始终握在美国手里。

从黄金美元到石油美元

对于欧洲人来说,为了实现欧洲的复兴,他们始终没有放弃过重返中东的打算。他们的第一次"反攻"发动于1956年。

1956年7月26日,埃及总统纳赛尔宣布将苏伊士运河公司收归国有,这一行为触动了西方资本主义国家的利益。10月29日,英、法两国以此为借口,联合以色列军事入侵埃及,挑起了第二次中东战争。而究其根源,英、法的最终目的恐怕还在于部分恢复其在中东的影响。出于地缘政治的考虑,当时的苏联也同样强调"将在解决中近东问题上起积极作用"。

英、法参与军事入侵之后,苏联立刻发出最后通牒,表示如果英、法不立即撤军,苏联将"采取必要的军事行动支援埃及"。有意思的是,当时作为盟友的美国也对英、法的军事行动提出了抗议,显然,美国人并不欢迎欧洲人回到这里,而要命的是他还掌握着美元。因此,最终在11月6日,入侵者不得不宣布停火。同年的12月,英、法军队便早早地撤出了埃及,以军撤出西奈半岛是在次年的3月。这标志着英国人已经彻底失去了中东,在那之后的很长一段时间里,对于中东,英、法所能做的就只有面对那些躺在伦敦、巴黎博物馆里的法老文物聊以自慰了。而精明的英国人在被欧洲国家日益边缘化的情况下,最终也只能选择将自己彻底和美国绑在一起——如果无法战胜它,那就加入它。

前两场中东战争,战火烧在中东,而真正心痛的首先应该是欧洲人,这或许也是后来西欧愿意接纳"巴解"组织的一个深层原因。这之后先后爆发了3次中东战争,同样是发生在美苏全球对抗及美欧局部对抗的背景之下,其最终的目的仍然是中东石油的控制权——石油对阿拉伯人究竟算是恩赐还是灾星,真的不好定论。但是,美国在那一次次的战火中牢牢地控制住了中东,并以此来影响全世界的资本流动,这一点是显而易见的。

"布雷顿森林体系"崩溃之后,美元因为失去了黄金的信用支撑,开始急速贬值。从1971年到1980年,金价从一盎司35美元疯长到850美元,涨了24倍,整个西方世界都陷入经济动荡中。此时的美元,最迫切需要的就是一个新的信用支撑。那是什么呢?答案还是石油。1974年,那位为中国人所熟知的美国国务卿基辛格开始了他对中东国家的访问,其目标就是要迫使OPEC组织接收以美元作为石油交易结算的唯一货币,而在1973年的10月25日,以色列在美国的插手下刚刚打赢了第四次中东战争。很快,美国从和其关系密切的沙特王室(其绝大部分资产都在美国)身上打开了缺口,沙特政府同意采用美元作为唯一结算货币,并将获得的美元以投资的形式再次回流到美国,之后,还是由沙特政府出面说服了OPEC其他成员如此行事。

所有国家都离不开石油,而这个星球上,有2/3的石油如果要购买,就必须以美元来结算,美元因此成了所有国家都必须储备的货币——虽然它没有任何实际价值。直到现在,国际贸易中的70%都在以美元进行结算。中东的石油美元和美国的货币霸权至此绑定在一起,任何可能动摇"石油美元"的举动都是美国所难以容忍的。

两伊战争中的美式援助

1979年2月11日,在美国人毫无准备的情况下,伊朗爆发了由霍梅尼领导的伊斯兰革命,长达2500年的王权统治宣告结束。4月1日,伊朗伊斯兰共和国成立,伊朗与西方国家的关系开始急剧恶化,美国在中东的一个着力点就这样丢掉了。伊朗也是中东主要的产油国之一,而且,它企图向中东地区"输出革命"。这里有一点常识要说明:所谓的输出伊斯兰革命,是向阿拉伯世界推行"什叶派"教义。从世俗的角度考虑,这也是伊朗想成为中东大国的一种手段。这一行为直接威胁到了在中东形成不久的石油美元。

就像是一种巧合,1979年7月,在与伊朗相邻且同样拥有丰富石油资源的伊拉克,时任总统的贝克尔"因病"辞职,早已得到美国支持的实力派人物萨达姆(1960年,还在埃及开罗大学读法学时,萨达姆就开始与美国中央情报局接触。当时,美国担心伊拉克政府与共产党的关系日益密切,于是向复兴党及其他反政府势力提供援助)顺利登上总统宝座,同时还担任伊拉克革命指挥委员会主席、总理和阿拉伯复兴社会党地区领导机构总书记的职务,集党、政、军大权于一身。更为"巧合"的是,萨达姆上台执政1年后,两伊战争便爆发了。

1980年9月22日,伊拉克借口伊朗参与对伊拉克外长阿齐兹的刺杀行动,向伊朗发起进攻。战争起因的公开说法是:由于伊拉克试图完全控制位于波斯湾西北部的"Shattal-Arab"水道,该水道是两个国家重要的石油出口通道。而在这背后,美国为萨达姆提供武装并支持其发动战争,是试图以此遏制刚刚通过革命上台并强烈反美的伊朗政权。

两伊战争历时8年,两个中东富国被打成了穷光蛋,战争同时制造了数以百万计的冤魂及更多的残缺身躯和家庭。OPEC各成员国由于对自身安全的忧虑和石油出口受到的影响,不得不进一步向美国靠拢。而伊朗由于战争,其影响最终没有走出国境线。

而在此期间,对中东石油的控制权又帮助美国在全球扩张中走出了一步极为重要的棋——1990年,苏联各加盟共和国先后宣布独立,1991年

金 融 硝 烟
Financial smoke

12月25日、26日，苏联最高苏维埃确认了联盟解体的事实，并表决通过停止联盟国家权力机关职权的事宜。

与此同时，帮助美国抓牢了中东石油的伊拉克，由于两伊战争，仅欠科威特的债务就高达140亿美元，为了化解巨大的财政危机，同时也是在"泛阿拉伯主义"野心的驱使下，科威特时间1990年8月2日凌晨1时，在空军、海军、两栖作战部队和特种作战部队的密切支援和配合下，伊拉克共和国卫队的3个师越过伊科边境，占领了科威特全境。一时间，萨达姆几乎把自己放到了全世界的对立面上，昔日的美国盟友的反应出乎意料之外，"解放伊朗独裁统治的英雄"一觉醒来发现自己成了人类的"公敌"。美国携多国部队69万（美军45万）陈兵波斯湾，1991年1月15日，"沙漠风暴"正式吹向伊拉克。

美元霸权与海湾战争

在8年的消耗战之后，那部久经战阵的战争机器成了萨达姆唯一的本钱，而海湾战争中，这唯一的脊梁也被美国人打断了——伊军崩溃的速度简直叫人觉得匪夷所思。而在这种情况下，1991年2月28日晨8时，多国部队却在巴格达前停止了前进。

从战争爆发到结束，从战略上看，意图整合中东的伊拉克和怀有同样想法的伊朗一样，都不符合美国的利益，而萨达姆的军事入侵及后面被打而不死，使得沙特、科威特等国感到了恐惧，这使美国得以直接在中东驻军——那时，苏联已经行将就木，美国这么做完全可以没有顾忌。同时，美式装备在战争期间好好地"秀"了一把，备感压力的中东国家向美国抛出了大笔军火订单，除了让美国军火商狠赚一笔之外，无形中也把自己的战争机器纳入美国的军事体系之下。

另外，由于压在美欧矛盾之上的冷战阴云正在散去，欧洲人此时已经开始独自谋划他们的未来，或者说，在美国看来，已经可以明显地感到盟友们"离心离德"，要离开美元体系，但是，他们还离不开中东的原油。

总之,帮助美国打"坏蛋萨达姆"的欧洲人、日本人(海湾战争的费用是由日本政府买单的)似乎又被什么人给耍了。

任何一场战争都会使得多方产生利益损益,而在美国政府眼中,关于伊拉克战争,他们首先看到的还是铸币权。中东半个世纪的战火,恐怕很难和美元脱离开关系,而随着20世纪70年代货币经济体系开始占主导,以及石油美元的出现,战争和美元之间的联系在中东已经越来越直接,当然,在其他区域亦是如此。

从1913年12月23日美联储建立,截至2001年,美国的国债总额达6万亿美元(美联储事实上为私有银行,美国的货币发行是由政府向银行借债,银行再根据国债数额来发行美元)。正是在这一年,随着"9·11"事件后美国股市泡沫的崩溃,美联储将利率由6%降至1%,这导致美元信贷额暴涨,大量的美元被投资者投入到房地产(这也是为什么当年房地产业替代股市成为美国吸纳资金的主要场所)、贵金属和原油等产品上(这也是世界原材料价格上涨的症结所在,国外某些人将这笔账记到了中国头上,完全是无耻的谎言),美元迅速被从各国储备中挪到了市场上,流通数量激增。2001年之后,美国国债平均每一秒钟增加2万美元,原有的强势美元政策已经没有办法维持美国的偿债能力,国际资本开始流出美国。

按照以往的办法,只要宣布美元贬值就可以让那些无法清偿的债务灰飞烟灭,但此时已没这么简单,因为在美元的身旁是正在走向强势的欧元,美元肆无忌惮地贬值将使得人们在国际市场上不得不拒收美元而代之以欧元。因此,必须用什么办法去保障美国的货币霸权,保证美元不被拒收。

目前,欧元区贸易额的2/3来自欧盟内部贸易,而在科索沃战争之后,欧洲已经不再存在这样的空子给美国钻了,既然如此,那就只有中东的战火可以使欧洲的投资者感到不安了。争夺铸币权的手段无非两种:

一种是"我比你好"，在美欧经济相差不大的情况下，这不太容易做到，时间上也不容许；另一种则是"你比我更差"，显然，美国人更青睐这一种，原因就在前一句中。而伊拉克，在海湾战争中早已被打断脊梁，又被连续的制裁、核查折腾得奄奄一息，是一个软得不能再软的"柿子"。"更可恨的是"，自2000年起，由于欧元对美元升值，为了获得更高的收益，伊拉克开始以欧元进行石油贸易的结算，而这又引起了多个产油国的注意，直接触及了石油美元——战后的伊拉克新政府第一个动作就是在石油贸易中以美元取代欧元。

对萨达姆政权的军事打击和政权颠覆，对其他中东国家必然具有威慑的意味，这会进一步迫使OPEC继续以美元进行石油贸易结算，虽然这样将意味着替美国承担起日益严重的金融风险。总之，在华盛顿政府看来，也许没有比伊拉克更合适的减压阀了。

但事情并没有布什政府所预计的那样简单。传统的阿拉伯社会中，对教派、部族的认同感要远远强于对世俗的国家概念，美国对伊拉克的打击因此产生了一连串没有预料到的反应：在没有强势代理人的情况下，这种打击实际是破而不立，过去强有力的统治机器已经不存在了——这就是为什么巴格达博物馆及其他设施会被哄抢一空，伊拉克的什叶派和逊尼派穆斯林由于历史的原因存在着严重的对立情绪，失去一个强力的政权等于让这种对立失去约束，美国在扶植伊拉克新政府的时候，让过去遭受不公正待遇的什叶派穆斯林和库尔德人占了便宜，这似乎是想"借鉴"过去英国殖民者"拉一个压一个"的做法，但在没有强势代理人的情况下，反倒把美国大兵拉入直接的冲突中。此外，伊拉克人缺少国家概念但不等于缺少仇恨的基因，对大多数伊拉克民众而言，美国人给了他们每人一张选票，然后毁掉了他们生活中的一切。

与此同时，巴格达被"解放"了，共和国卫队"蒸发"了，萨达姆"落网"了，冲进来的美军也失去了目标，美国大兵倒是成了伊武装分子的目标，原来打共和国卫队如刀切豆腐一般的先进战争机器对此无能为力。21世纪最先进的武器装备所干的活儿和20世纪60年代越战时期的装备比毫无区别，除了价格，再也没什么高过那时的古董。

在上述对立情况无法消除的情况下，这些问题是不可能避免的。美国大兵在挨打，却没有具体的目标，战争也没有终点。很快，这使得这场战争的投入/产出比开始下降，原本保卫货币霸权的战争却反过来开始威胁到美元。正是因为如此，在最初蛮横地踢开联合国单干之后，美国不得不回过头来要求"盟友"们以及联合国出面，以缓解自己的压力，而后者的介入使得原本已经几乎彻底失去中东影响力的法、德、俄等国的面前又出现了希望。

从根源说，这是美国追求绝对霸权的必然结果，货币经济下，利益早已超越了地缘，各国的利益结构都是"你中有我，我中有你"，靠军事打击解决核心以外的问题，稍有不慎就会打成"七伤拳"，所谓"不可马上制天下"的古训到现在仍然成立。对资本主义而言，对绝对利益的追求是必然的，但这最终会损害到其根本利益。

到了这个地步，要么美国逐步收缩货币圈——美元瞬时崩溃对世界也是一个不小的麻烦，所以欧洲和东亚地区也不会眼看着这种事情发生，必然会采取相应的措施来配合美国的收缩；要么，则再发动新的战争，重新让战争机器开动起来，通过打击外围继续消灭欧元。如今，一面伊朗、叙利亚甚至沙特都战云密布，一面伊朗核问题还在政治、外交层面进行着博弈，这些说到底，都是前面那种矛盾的体现。

2.美元的利刃:商品霸权

20世纪被称为美国的世纪,虽然美国早在20世纪初就跃居世界最大工业国,但是美元正式成为国际货币体系的主导货币,还是在1944年布雷顿森林体系建立以后。在此之后,虽然历经了多次重大冲击,包括1972年布雷顿森林体系本身的崩溃,但美元的主导权并没有动摇。

建立布雷顿森林体系的初衷是稳定第二次世界大战后的国际金融体系,以促进世界经济尽快从战争的废墟中恢复过来。为此,一度受到削弱的金本位制被重新建立起来。按规定,每35美元可以兑换1盎司黄金(美元也因此常常被称为美金,几乎等同于硬通货),而其他国家的货币则以此为基础采用美元联系汇率。其他国家在美国存入黄金,作为发行本币的准备。在这种机制下,美国以外的国家要么在美国存入黄金,要么获得美元,才能获得本币发行的依据;若非如此,固定的联系汇率就无法维持。

美元成为国际贸易的主要结算货币,带来了一个直接后果:需要美国持续对外贸易逆差,输出美元,其他国家才可以获得足够的美元供应,以维持全球贸易。然而,战后各国经济的迅速恢复给美元带来了沉重的压力,美国饱受黄金流失之苦。虽然大量黄金依然存放在美国,但由于持续的贸易逆差,这些黄金的主人已经悄然易主。持续的黄金流失迫使美元多次贬值,但金本位制依然维持,直至1972年,美国终于忍无可忍,尼克松总统宣布美元与黄金脱钩,自此黄金飙涨。如果从美元对黄金的价格来看,美元急剧贬值了数倍。但是,人们发现没有任何其他货币可以替代美元作为国际贸易的结算货币,美元尽管不再是"美金"而仅仅是一张绿色的纸片,但它的主导权丝毫没有被撼动。这一格局,一直持续到今天。

如果要问为什么,只能说美元的地位不可取代。美元的市场容量、安全性及美国经济的特点使得它即便与黄金脱钩,也仍然能作为国际贸易结算的主要货币(没有其他任何一种货币可以承担美元的角色,这一点直到欧元出现,也没有太大的改变)。我们可以看一个例子:中俄之间的巨额石油交易仍然以美元为结算货币。尽管这两个国家对美国的政治经济地位包括美元的地位都有不小的意见,都多次声称要扩大本币结算的范围,然而,真正到了交易的时候,中国人信不过卢布,俄国人信不过人民币,他们都还是相信他们不喜欢的那个国家——美国的货币。这就是美元地位的现实体现。

商品价格的指挥棒,现在的国际贸易格局,依然大体上是美国持续逆差、供应美元,而各国将美元作为国际贸易的主要结算货币。其实,从现在的香港地区就可以依稀看到当年的影子。香港号称是最自由的经济体,不仅港币可以自由兑换,连发钞权也交给几家私人银行(这里的私人是指非香港政府拥有的银行),而非由政府垄断,同时维持了对美元的固定汇率。香港这几家发钞行发行钞票,必须有相应数量的外汇(美元)作为准备。除了在亚洲金融风暴中受到过冲击之外,港币对美元的汇率一直保持稳定。

但我们应该看到,香港是一个很小的经济体,同时占据了有利的贸易地位,可以很轻松地获得美元保障其金融系统的正常运作。在这套机制下,试想,如果香港得不到足够的美元供应,会出现什么情况呢?香港的进口贸易会因此萎缩,出口产品的价格则会下跌。假如把这种情况扩展到全球,又会出现什么情况呢?很显然,就是国际贸易会因此萎缩,同时,国际间交易的大宗货物价格会出现暴跌。如果我们联想到2007年到

金 融 硝 烟
Financial smoke

2008年间美国经济的实际状况,以及美国国内日益增长的对巨额贸易赤字的不满和贸易保护主义的抬头,就不难得出这样的结论:通过贸易赤字流出的美元将大大减少。也就是说,国际间贸易所能获得的美元数量的前景不乐观。2008年出现了大宗商品普遍下跌的情况,其中固然有整体经济的影响,但美元的因素也是不可忽略的。

而过去数年,大宗商品价格不断上涨,以致形成泡沫,也有着深刻的美元背景。回过头来看看这一轮经济繁荣的历程,或许能更好地理解这个问题。

克林顿政府时期就不追溯了,就从"9·11"事件谈起。

"9·11"事件之后,美国经济遭遇了短暂的滑坡,但很快就被消费的增长所克服。当时,美国也流行"消费爱国论",消费信贷不断增长。而此时还有一个重大事件,就是中国加入了世界贸易组织。这个拥有庞大廉价人力资源和丰富自然资源的国家不仅获得了巨额的外国投资,还获得了巨大的海外市场。如同一个饿极了的大胖子,中国狼吞虎咽般地吞下来自外国的投资,同时,国内投资也如火如荼,固定资产投资持续以20%以上的速度增长,到2006年,固定资产投资占到了GDP的50%,无论是苏联的工业化,还是日本、韩国的工业化,都不曾达到这样惊人的水平。随着一片片工厂拔地而起,巨大的生产能力源源不断地开动,中国廉价商品在几年间几乎充斥全世界。美国从中国获得了大量的廉价商品,其下层民众的生活水平因此获得了不小的改善。同时,消费信用继续扩张,美国的反恐战争,尤其是伊拉克战争开销巨大,使克林顿时期获得的财政盈余消耗殆尽,美国政府的财政陷入赤字状态,并且赤字不断扩大;而在国际贸易领域,美国的贸易逆差也在不断扩大。这几项因素导致了美元无论在美国国内还是国外都泛滥成灾。美元泛滥又导致大量过剩的美元寻找出路,结果,它们找到了房地产和商品市场,由此造成了极大的繁荣和泡沫。可以说,正是美元泡沫造就了商品泡沫。

正所谓"成也萧何,败也萧何",综合以上,我们可以看到无论是商品市场的繁荣还是萧条,都跟美元的供求状况有着密切的关系。换而言之,作为国际贸易主导货币的美元握有商品霸权,这就是我们今天所处世界的现实。

3.美国国债,抛与不抛

"美国国债逼近图穷匕见,中国巨额的外汇储备面临的风险大增,中国应尽快处理握在手中的美元资产。"

"美国人为地让美元贬值,当心美国故伎重演,又一轮借助美元世界货币的杠杆掠夺世界财富。"

……

在中国的经济学家中,这样的呼声不绝于耳。

2009年3月18日,美联储主席伯南克在美联储公开市场委员会第二次例会后突然宣布,为改善私人借贷市场的条件,将在未来6个月内买入总额为3000亿美元的美国长期国债。随即,美国国债价格飙升,10年期国债收益率下跌了47个基点至2.54%;美元开始贬值,美元兑其他主要货币也出现了较大幅度的下跌,欧元对美元已经达到了1.35美元的高位,美元对日元也下降到了95.44。

在全球经济金融危机持续恶化,美国海外投资者购买美国国债和政府债券出现下降的态势下,美联储此举客观上可以保证美国政府经济刺激方案的有效推进,避免了财政部大规模发行国债而市场无人问津的尴尬局面。同时,这也避免了财政部发债成本过高等问题。

但这让那些拿了大把美元的国家不无担心。美联储的钱从哪里来?美国肯定舍不得抛售那宝贵的8200吨黄金来换美元,因为这些黄金是美联储不会出售的真正家底。而且,即使以现在的930美元的价格全部抛售,它也仅值2700亿美元,这对于救助金融危机来说还不够塞牙缝的,连此次购买长期国债的钱都不够。在这种情况下,美联储难免直接印刷美元,然后用这些刚刚滚下印刷机还散发着油墨香的美元去购买机构抵押证券和长期国债。

美国又一次借用美元国际货币霸主地位向国际市场投放没有多少"铜臭"味的美元,它企图通过人为地让美元贬值来稀释和赎回美国债务。购买大量美国国债和储备大量美元的国家,他们将为此损失掉多少本国国民辛苦挣来的财富不得而知。

从货币银行学来讲,一个主权国家央行是不允许直接购买本国政府发行的国债和其他政府债券的。因为一旦开了这个口子,就意味着一国的财政赤字被直接货币化了,这无疑等效于发行基础货币。而央行直接购买国债意味着国债收益率的市场化定价机制将被彻底打破,收益率更多地取决于美联储而非市场;由于国债收益率曲线是整个金融市场的定价基础,收益率曲线的扭曲也意味着整个金融市场的定价基础被扭曲,这会导致金融市场风险资产无法有效定价,并加剧市场的信贷紧缩和债务紧缩压力。

美联储主席伯南克的这次举动是要告诉世界,美国的经济出现了严重问题。也许美联储的潜台词就是让购买了美国国债的国际买家委屈一下,使用软威胁迫使他们同美国一起共担损失和风险,同渡难关。

在这种背景下,中国首当其冲。中国已超过日本成为美国国债的最大买家,外汇美元储备超过2万亿,根据美国财政部2009年3月16日发布的报告显示,截至1月底,中国持有的美国国债达到7396亿美元,占美国外债10.9万亿美元的7%,是美国最大的债权国。时任中国国家总理的温家宝也坦言开始担心中国对美国债券投资的风险。

美国的这一财政赤字货币化的经济刺激政策将加剧美元的贬值。就中国外汇储备存量资产而言,美元的贬值将不可避免地使中国大量以美元计价的资产面临着明显的汇兑损失,从而导致中国外汇储备的进一步缩水。美元的贬值也将在客观上恶化中国的贸易条件,反映在国际大宗商品市场上,以美元计价的能源等大宗商品价格又将上涨;在外需持续萎缩和中国出口产品议价能力有限的情况下,美元的贬值将抬高中国的进口成本和变相压低出口价格(中国贸易部门无法完全转移美元贬值所带来的汇兑损失),从而加剧中国外需市场的不确定风险和中国福利的进一步外溢。

美联储印刷美元直接从财政部购买国债,将使中国的外汇储备投资处于两难之中。一方面,若为了规避美联储这一举动对市场的不利影响而减持美国国债或其他美元资产,那么,减持带来的连锁反应将增加中国外汇储备的损失;另一方面,如果继续持有美国国债,那就意味着这些美元资产的未来不确定风险正在加剧。

相较而言,美元显然更加虚弱。美联储回购机构抵押债券和长期国债,此举表明美国金融机构的内向财务塌陷与债务危机比表面更严峻。尽管美国总统奥巴马一再安抚中国说,应该对在美国投资的安全性抱有绝对信心,对美国国库券、政府债券的投资以及对私营部门、商业和工业的投资都是如此,但中国仍旧担心美国一旦违约,将会给中国造成不可估量的损失和影响。中国国内早已开始针对是否抛售美国国债进行讨论和争执。根据一些机构就关于中国是否抛售或继续购买美国国债的调查,有28.6%的经济学家认为中国应该继续购买美国国债;有38.6%的经济学家认为中国不应该继续购买,但也不应抛售美国国债;另外有32.8%的经济学家认为中国应该抛售美国国债,其中有22.8%认为应小幅抛售,

10%认为应大幅抛售美国国债。

从调查的最终结果来看,认为中国不应该继续购买美国国债的经济学家占到了71.4%,大大超过了支持继续购买的28.6%的比例。由此窥见,在中国超过日本成为美国第一大国债持有人,在巨额金融危机救助计划不断放大美国财政赤字的背景下,越来越多的经济学家认为中国应该不再继续购买美国国债。

针对中国巨额的外汇储备,诺贝尔经济学奖获得者斯蒂格利茨从侧面提出了批评。

斯蒂格利茨说,过多的国家开始储蓄过多的资金,而不是用于国内支出,通常这种存款选择的又多是美国国债,这让美国获得了全世界的现金以供支配,而其他国家一些深层次的问题,如贫富差距扩大等却没有得到解决。美国联邦储备委员会和美国监管机构的冒险之举导致美国经济陷入了崩溃,并进而扩散到全球。美国政府和美联储在不遗余力地拉动需求,以抵消世界其他地区需求的疲弱。美元储备体系是其中的一个问题,中国需要彻底反思它的防守策略。

他还戏称,那些吸取1997年亚洲危机时的教训,以大量储备外汇来保驾本国经济健康发展的国家是"1997届毕业生"。在1997年,亚洲陷入了严重的地区性金融危机,遭受打击最大的看起来是那些没有充足美元储备以抵御本币大幅贬值的国家如泰国、韩国和印尼等。如果这门课程的中心思想是需要储备大量美元以使经济免受冲击,那么中国的成绩无疑是A+。中国一直否认应该对目前的全球动荡负责,称存款是中国的文化传统之一,犯错误的是美国政府鼓励大规模放贷。

斯蒂格利茨说,中国目前最紧迫的问题并不是考虑是否需要调整持有的外汇储备结构,比如增持欧元和减持美元等。两种货币的外汇储备体系可能比单一储备体系更加不稳定,对美国或欧洲哪个才是更好投资场所的看法可能每天都会发生变化。中国也不要草率地认为由于美国未能保证所有债券的安全就应该抛出美国国债。中国并不需要对自己所持美国债券的安全性表示担忧。持有美国国债不存在任何违约风险,相信美国不会拿本国的经济来赌博。中国眼下要做的是考虑能够抵消通货膨胀压力的证券品种,如通货膨胀保值债券。许多人都认为美国最终将会受到通货膨胀的冲击。

在美国新一轮经济刺激政策出台之后,中国政府手拿巨额的美元储备和美国国债却不能不担心,毕竟美元和美国国债操纵在美国手里,美国如何玩是中国无法控制的。中国若坚持持有美国国债和美元资产,美国可以任意地让美元贬值,到时,中国肯定损失巨大。但如果中国在这个时候抛售美国国债,美国也可以让美元升值,毕竟美国不会放弃美元的国际货币地位。如果美元升值,重新建立它的信任体系,这时,中国想再次购买美元资产,就要付出更多的财富来换取。

中国正处在抛与不抛美国国债的两难处境。也许斯蒂格利茨的建议是可行的,中国应该利用手中的外汇储备购买更为安全的其他债券,或者拿着外汇储备直接购买海外的有形资产,譬如矿产等。

4.美元贬值的玄机

自1995年以来,凭借美国雄厚的经济实力及其国际地位,美元在国际外汇市场上持续走强,无论是美国高科技泡沫的破灭,还是2001年下半年的经济衰退,乃至震惊世界的"9·11"事件,都没有动摇美元的强势地位。但是,自2002年美国经济开始复苏时,国际外汇市场上美元兑主要货币的价格却开始不断下跌。

据统计,从2002年初到2004年末,以实际汇率计算,贸易加权的美元指数在此期间下跌了16%。2005年,美联储采取加息措施,贸易加权的美元指数上升了5%。不过好景不长,2006年下半年开始,美元重又回到了下跌的通道中。尤其是自2007年8月美国次贷危机爆发以来,伴随着美国经济形势的不断恶化和美联储利率的急剧下调,美元更是加快了其下跌的步伐,对16种主要货币的汇率全线下滑。据官方统计数据显示,截至2007年12月31日,美元从2002年以来贬值了近40%,衡量美元与一揽子货币比价的美元指数也跌至73.30以下,为近几年的最低位置。

美元大幅度贬值引起了国际社会的广泛关注。关于强势美元"跌跌不休"之势,英国《经济学人》杂志和《金融时报》认为,美元的大幅贬值是美国的一种"变相赖债"。

进入21世纪以后,在很长一段时间里,美国财政连年赤字,世界很多国家积存的美元储备直线上升,总额近3万亿美元。这些美元储备都是各国人民辛苦挣来的血汗钱,是美国对外负债的凭证。而美元一贬值,这些血汗钱的价值相当一部分就缩水了。假如一个国家有1000亿美元外汇储备,若美元贬值10%,虽然1000亿美元的形体还在,但其实际价值却已"缩水"100亿美元。

由此可见,如果各国美元储备保持上升势头,通过美元贬值这种办法,美国就可以轻而易举地"赖"掉其大部分对外债务。道理很简单:美元已不是传统纸币,而是现代纸币,是不再与黄金挂钩因而不能保持定值的"信用"货币。现在的美元与黄金不同,其本身没有任何价值,只是一张纸片。有多少美元流出美国境外,就有多少等值的物质财富流入美国。进出口相抵后,外国持有的美元储备余额净值,特别是长期沉淀的那一部分外汇储备,就被美国政府和人民白白享用了。当其他国家要把这些美元换成黄金或所需商品时,它的实际价值却已缩水。美国就是这样赖掉相当一部分对外债务的。

有金融专家指出,如果说1997年亚洲金融危机期间,从泰国、马来西亚、香港等国家和地区变相抢劫的是索罗斯,那么现在,通过美元贬值从中国及世界其他国家变相抢钱的,则是美国政府和美联储,而且性质比上一次更加恶劣。

美元贬值除了有利于削减外债以外,也有利于美国出口的增长。2007年10月16日,美联储前主席格林斯潘表示,美元贬值带动了美国出口,在房市衰退期间,有助于美国经济。据统计,在2007年第二季度,美国经济增长了3.8%,其中,出口贡献1.3个百分点。

2008年,美国的出口率依然保持着强劲增长的势头。据2008年上半年公布的经济数据显示,美国贸易出口成为美国对经济增长产生正面影响的重要动力;而美元对欧元、人民币、日元等主要货币的贬值显然是刺激出口的一个主要因素。

美国"全美制造业者协会"首席经济师霍泽表示,在美国国内消费持续低迷的情况下,由于出口依然保持强劲,抵消了国内房市低迷和金融动荡对美国经济的拖累,使美国经济至少在名义上没有滑入衰退。

美国商务部的数字显示,以2005年为转折点,美国对外贸易的出口增幅开始超过进口增幅,而且差距不断扩大。2008年,美国的各类产品出口均呈现良好的增长态势,工业设备出口保持双位数增长,并有进一步加速增长的趋势。

霍泽认为,美元对欧元、人民币、日元等主要货币的贬值显然是刺激出口的一个主要因素。据统计,从2005年1月到2008年1月的3年时间里,美国出口增长的将近1/3是对欧洲的出口,其次是对亚太地区的出口,占到美国出口总增长的22%。他说:"根据我们的估算,美元贬值对于美国产品竞争力的提升大约可以解释为什么美国在过去3年里出口增长了50%。"他强调,如果美元没有贬值,美国在过去3年里的出口量想实现如此大的增长是不可能的。

由此可见,美元贬值是符合美国国家利益的。然而,美元持续下跌,欧元等货币持续上涨,是否会冲击美元作为全球清算货币的主导地位?欧元是否会在可预见的未来替代美元呢?

对于此问题,中国银行高级分析员谭雅玲指出,美元不会放弃自己在世界上的主导地位。从美国短期经济指标低迷而长期指标相对乐观来看,美国经济可以避免衰退。首先,美国房地产和次贷问题恶化是循序渐进的,并非急速恶化甚至难以控制;其次,美国金融市场价格波折,特别是股价低迷的局面,并非因为美国企业发生重大问题或衰落,只是因为金融机构的次贷损失放大,引起了恐慌与警惕。

渣打银行驻新加坡的外汇分析师Harr.Thomas表示,美元仍可以保持国际主导货币的地位,不过,随着欧盟在全球贸易中变得越来越重要,欧盟金融市场的流动性越来越大,欧元将变得更加重要,人民币也同样如此。但是,这个过程需要花费较长的时间,至少在5年以上。

工商银行广州省分行外汇分析师侍伟也表示,美国仍然是全球最大的经济体,美元仍是国际通用的结算货币,欧元或其他货币要想动摇其地位,还是比较困难的,当前,这种改变的苗头还没有出现。

因此,根据当前的形势,美元贬值不仅不会影响到美元在全球清算货币中的主导地位,还有助于美国经济的发展。摩根斯坦利亚太区首席经济学家谢国忠指出,美国推低美元,是通过牺牲其他国家的经济增长来推动美国经济持续、强劲的增长的。

5.干扰世界经济的美元贬值

自从2002年以来美元开始不断贬值,国际金融市场也随之进入多事之秋。当今,虽然布雷顿森林会议之后美元不再一手遮天,但美元依然是国际经济活动中商品与服务贸易的最主要计价货币,因此,美元贬值实际上是把负担甩给了世界经济。不论是发达国家还是新兴国家,抑或是石油出口国,他们的经济政策和经济战略都因此受到了干扰。

作为货币输出国的美国进行美元"倾销",无疑能够成为最大的赢家,即美元贬值可以增强美国产品的国际竞争力,促进美国产品的出口,从而减少其贸易逆差。据美国国际经济研究所统计,美元如果贬值20%~25%,将足以使美国贸易赤字占国内生产总值的比例削减到2%。也正是如此,布什政府对弱势美元采取了听之任之的态度。但是,美国是一个消费和进口大国,美元贬值会促使其进口产品价格上升,进而有可能推高美国整体价格水平,加大其通货膨胀压力。

欧洲国家对于美元贬值可谓爱恨交加。一方面,欧元相对于美元升值可以提升欧元区国家的投资者和其他中央银行对欧元的信心,从而增强欧元在国际金融界的地位;另一方面,欧元升值还可以帮助欧元区国家抑制物价的上涨,降低通货膨胀。但是,欧元的持续升值必然会导致欧洲公司出口成本增加,加重其出口的压力,进而削弱欧元区企业的国际竞争力,并最终伤及欧洲经济。

在美元贬值的环境下,亚洲尤其是东亚国家成为与美国贸易联系中的最主要贸易顺差的发生地,有多大的外汇储备,就必须释放出多大的本币进行对冲,美元储备资产的增加会进一步削弱亚洲国家中央银行的货币调控能力和政策的独立性;更要命的是,伴随着美元的贬值,美元的储备价值将会严重缩水。

美元是世界上最重要的货币,美元贬值会干扰世界经济的正常运行,对其他国家的生产、贸易、金融等领域产生负面影响,从而拖累世界经济。

第一,美元贬值会造成其他经济体出口萎缩,进而导致经济增长减速。

美国经济放慢减少了对外国产品的需求,美元大幅度贬值又进一步抑制了进口,因此,欧洲、日本及亚洲新兴经济体对美出口遭受到了双重打击。一是欧、日、亚对美出口率大幅回落。例如,2007年第四季度,欧元区对美国出口较2006年同期下滑了8%;2008年前两个月,美国消费开支疲软,又使这些经济体对美出口进一步下滑。二是欧、日、亚货币升值也制约了这些经济体对美以外地区的出口增长。由于出口是许多国家经济增长的主要引擎,出口骤然减少必然会导致经济增长放慢。据估计,目前欧元贸易加权平均汇率已比2004年至2006年的平均水平上升了10%,这可能造成欧元区未来3年的年度GDP增幅累计减少1.2%。

第二,美元贬值加剧了能源及其他初级产品价格上涨,从而引发全球通货膨胀上升。

近年来,国际大宗商品价格节节攀升,特别是2008年初以来,油价突破每桶100美元和110美元大关,黄金价格"破千"(每盎司1000美元),不少农产品价格也达到了近几十年新高,这一切都源于美元贬值。这是因为国际市场原油及其他商品期货交易以美元计价,美元贬值一方面会增加原油等商品期货对于持有其他强势货币投资者的吸引力;另一方面还会推动部分持有美元资产的投资者转而买入原油等期货,以避免美元贬值带来的损失。近年来,美元贬值对油价上涨的"贡献率"接近

20%。美元贬值也促使人们大量购买黄金作为资产保值手段,从而刺激了黄金需求和价格上涨。能源等初级产品价格猛涨,使世界各国通胀压力增大,其中首当其冲的是中国、印度等初级产品进口的新兴市场国家。新兴市场经济体比发达国家面临更大的通胀压力,不仅因为其进口能源价格大幅攀升,还因为上涨的粮食价格在其消费物价指数(CPI)中占有较大的权重(40%左右)。欧元区2008年3月份CPI较2007年同期升幅达到3.5%,创历史新高,远远高于欧央行设定的不超过2%的通货膨胀率目标。

第三,美元贬值使国际热钱流向新兴市场,加大了新兴市场国家宏观调控的困难。

由于新兴市场国家货币趋向升值,加上为控制通胀使国际投机者预期新兴市场利率上升,这就加剧了国际热钱流向新兴市场,干扰了新兴市场国家的宏观调控。为防止热钱流入导致货币大幅升值,这些国家不得不向市场投放本国货币,这又会加剧流动性过剩,从而限制央行通过加息以控制通货膨胀的政策空间。

第四,美元贬值使新兴市场国家遭受重大资金损失。

新兴国家大量外汇储备用于购买美国政府债券,其收益率极低,而新兴市场投资的收益率和利率较高,这就造成了其巨大的财政损失。据统计,这一国内外收益率的差别使印度2007年财政损失相当于GDP的2%。

由此可见,美元贬值扰乱了世界经济。

6.宏观调控:考验全球智慧的难题

在美国财长保尔森"强势美元是美国利益所在"的声音中,美元汇率仍在进一步下跌,由美元贬值带来的本国货币急速升值成了不少国家不得不正视的难题。为了防止本币对美元过度强势,多国央行开始采取各种手段对汇市进行管制。

在进行管制的过程中,哥伦比亚央行规定,外资买进股票和债券,必须存入四成保证金在央行6个月;印度央行也设立了新的法规,以压制外国基金经理人对本地股市和汇市的炒作;韩国央行则着手调查远期外汇交易,以限制已升至10年来最高点的韩元继续走强。

从这场保卫战中,我们可以看出,各国当局并未动用外汇储备或升息等手段影响外汇市场,而是试图通过其他途径防止美元不断贬值,进而侵蚀出口商盈利和危及经济增长。全球最大外汇银行德意志银行的分析师百格指出,央行急于寻找干预本国货币急升的新途径,但很多想法根本行不通。

针对这种现状,有金融专家指出,美元贬值对于扩大美国出口规模、减少巨额贸易逆差来说,起着积极的作用。但对全球其他国家来说,美元贬值加大了世界其他国家和地区承受美元贬值的压力,进而对各国宏观经济调控发出了严峻挑战。

美元在国际市场上的主导优势为美国提供了大量的资金来源。据统计,在国际市场商品交易中,80%以上以美元作为计价和结算货币,各国央行持有的美元外汇储备占世界总储备的65%以上。世界其他国家和地区将巨额的外汇储备投资于美元资产,为美国政府维持巨额经常项目逆差和债务提供资金保障,支撑着美国国内的投资和消费。

美元贬值后,这些将巨额的外汇储备投资于美元资产的国家和地区承受着巨大的压力,经济利益受到损害,各国经济宏观调控的难度增加,从而使这些国家的决策陷入两难的境地。

美元持续贬值,直接影响着OPEC成员国及俄罗斯、安哥拉等石油输出国的石油美元收入,影响其国际收支平衡。这些石油输出国家经济结构往往比较单一,在出口石油的同时要进口大量其他产品。据统计,在这些国家产品出口的地区结构中,欧元区占22%,美国占14%,日本占11%;而在产品进口的地区结构中,欧元区占27%,美国和日本分别占7%和6%。在欧元升值、美元贬值的情况下,由于石油交易是以美元来计价的,而其他产品进出口交易以非美元货币来结算,这就意味着石油输出国要承受因美元贬值而带来的出口收入减少、进口成本增加的损失。

为了维护本国利益,减少经济损失,这些国家采取了积极的措施。在2007年11月OPEC组织利雅得会议上,伊朗和委内瑞拉提议用一揽子货币取代美元,作为该组织各成员国石油交易货币的计划。随后,伊朗政府缩减了对美元的使用率,在石油交易中,改用非美元货币进行石油交易结算。

除了经济利益受到影响外,美元贬值后,世界上一些国家和地区的经济调控难度加大,承受的压力和风险也进一步加大。

第一,对外经济不平衡进一步加剧,货币升值压力加大。

在美元占主导地位时,主要发达国家实行浮动汇率制,而东南亚、中东地区等国家和地区则实行盯住美元的汇率制度。而当世界经济增长格局发生变化,发展中国家经济持续快速增长,而美国经济减弱时,为了与此相适应,发展中国家货币应相对升值,而美元应相对贬值,以维护外部经济平衡。但是,一些发展中国家盯住美元的汇率制度在一定程度上抑制了汇率变动的客观趋势,助长了出口规模的扩大和外汇储备的激增,加剧了外部经济的不平衡。据IMF统计,截至2007年8月底,世界外汇储备总额为59575亿美元,发达国家占25%,发展中国家占75%。其中,中国占23.8%,日本占15%,石油输出国家占7%。近年来,主要发展中国家货币均呈升值趋势。

第二,宏观经济调控难度增大,调控政策效应减弱。

在美元贬值和经常项目盈余增加的双重作用下,一些发展中国家央行为维持汇率基本稳定,不得不进行外汇买卖,通过增加国内基础货币供应量来平衡外汇市场,这一举措导致国内流动性过剩,信贷和投资膨胀。虽然主要发展中国家及时采取了紧缩货币政策和一系列强制性行政措施来抑制投资需求和通胀,但实际收效不大。

第三,通胀压力明显加大。

美元持续贬值刺激了国际商品特别是石油和食品价格持续高涨,给一些发展中国家带来了较大的输入型通货膨胀压力。据世界银行统计,2007年以来,发展中国家居民消费价格在波动中趋升,从1月的5.5%升至10月的6.7%。其中,东欧国家和俄罗斯从5.5%升到了8.1%,中东地区居民的消费价格也呈上升趋势。

第四,受国际投机资本冲击风险加大,一些发展中国家的金融体系更加脆弱。

美联储为缓解房地产市场进一步恶化和次贷危机,连续两次降息,而许多发展中国家央行为抑制通胀,仍在继续升息。利差的扩大以及发展中国家货币升值预期的提高,使得国际投机资本大量涌入一些发展中国家,加大了这些国家经济体系和金融体系的风险,也进一步加剧了国内信贷规模和投资规模的膨胀。

美元贬值对各国经济的影响已无法回避,因此,人们将焦点聚集在两个方面:一是欧元或其他货币会不会取代美元,而成为国际商品交易货币?二是实行盯住美元汇率制度的东南亚和中东等发展中国家和地区会不会实行更加灵活的汇率制度?

第五章
美国经济的双刃剑——美元

对于欧元是否会取代美元的地位,多数经济专家认为,欧元还不具备在国际货币市场上充当主要角色的条件。从国际市场上来看,近年来,虽然欧元区经济自主增长能力不断增强,经常项目账户保持基本平衡,欧元的国际地位也在不断上升,吸引力增加,但是,出口一直是欧元区经济增长的重要推动力。如果欧元取代美元作为国际市场商品交易的主要货币和主要国际储备货币,欧元将会因需求急剧增加而出现更大幅度的升值,这将严重冲击欧元区出口,从而拖累欧元区经济。

经济专家还认为,美元在国际货币市场上的主体地位在近期甚至今后较长时期内是无法改变的。因为,如果美元作为国际储备货币和商品交易货币的地位被欧元或其他货币所取代,势必造成国际市场对美元进一步贬值的恐慌,使得各国大量抛售美元,美元因需求急剧减少而暴跌。在当前美国经济减弱、美联储正在降息的情况下,美元崩溃对美国经济的打击将是惨重的。此外,持有大量美元资产和美元外汇储备及以美国为主要出口市场的国家和地区,也将因美元暴跌而付出高昂的代价。如果美元暴跌,美元资产将大幅度缩水,外汇储备将受到严重的损失。并且,如果美国经济因美元暴跌而严重衰退,以美国为主要出口市场的国家和地区经济增长也将大大放缓,可能进入经济低迷状态。

经济专家认为,汇率作为经济调控的重要手段,实行浮动汇率制是国际汇率制度演变的必然趋势。特别是在当前美元持续贬值已损害其他国家经济利益并给经济调控带来较大困难的情况下,改进和完善汇率形成机制是有关国家央行必须考虑的问题。

总之,全球商品交易货币和外汇储备货币的调整及多元化趋势是一个痛苦过程,也是一个漫长过程。如果调整过急、过快,对世界经济的打击将是毁灭性的,可能引起世界范围内的经济衰退,这是任何一个国家政府都不愿意看到的事情。但是,当前美元持续大幅贬值,增加了世界经济发展前景的风险和不确定因素,成为各国政府制定宏观调控政策的一大难题。

第六章

人民币VS美元：
新一轮"货币战争"的矛头

1.中美货币历史上的汇率演变

  由于我国复杂的国情和历史发展背景，人民币对美元的汇率也走过一段非常复杂的历程，但是"官定汇率"而非完全市场化的汇率一直是其主要基调。汇率的市场化和人民币可自由兑换至少从目前来看仍然是一件非常遥远的事情，回顾人民币对美元汇率的历史对于理解人民币汇率的未来发展走势有着非常重要的意义。

  自1949年1月18日起，为适应解放战争的新形势，各大行政区的人民

第六章
人民币VS美元:新一轮"货币战争"的矛头

银行开始公布人民币外汇牌价。由于解放战争仍然在激烈进行中,各大行政区的具体状况差异很大,所以,这个人民币外汇牌价在不同行政区也是有差异的。到1950年7月8日,全国解放将近一年之后,才实行全国统一的外汇牌价,由中国人民银行总行制定和公布。1979年成立了国家外汇管理总局(1982年8月更名为国家外汇管理局)作为国家外汇管理机关,统一制定和公布人民币外汇牌价。

人民币的外汇牌价一直采用直接标价法,即以一定数额(比如100货币单位)的外国货币作为标准来折算若干单位的人民币,也就是采取固定数额的外币(比如100货币为单位)和浮动数额的人民币比价来标价。而1949年1月18日到1955年2月,各种外汇牌价是以一个单位外币折合人民币元(旧币)标价。1955年3月1日,中国实行人民币币值改革,发行新人民币,每一万元旧币人民币兑换一元新人民币。此后,人民币的外汇牌价按新币折算。

新中国成立以后,中国先后制定过人民币对49种外币的汇价,随后,根据国际形势和对外经济贸易往来的实际情况变化,陆续停止了人民币对某些外币的外汇牌价。为适应新的发展形势,1991年4月9日,中国开始对人民币汇率实施有管理的浮动运行机制。自1994年开始,中国汇率制度实现了重大改革,开始实施以市场供求为基础、单一、有管理的浮动汇率制度。自1994年1月1日起,国家外汇管理局陆续公布了人民币对美元、日元、港币三种货币的外汇牌价;2002年4月1日起,又公布了人民币对欧元的外汇牌价;其他币种的汇价通过这四种汇价进行套算。另外,自1994年1月1日起,中国开始实行单一汇率,人民币对美元汇率定为1美元兑换8.7元人民币。此后人民币一直趋于升值。

从1949年1月18日至1972年9月13日,由于特殊国情,人民币对外国货币的外汇牌价有对外公布和对内掌握两种。前者由中国人民银行对外公布,后者由银行内部掌握使用。之后,中国与西方国家的经济交流开始活跃,为适应新的形势,自1972年9月14日起,各种实际外汇牌价均开始对外公布。此外,1971年开始办理人民币对外币的远期买卖。买卖远期人民币的汇价是按即期外汇牌价加收一定比例的远期费。1974年8月12日统一实行买卖的双档外汇牌价,1981年起对贸易和贸易从属费用使用贸易外汇内部结算价,即1美元约合2.8元人民币。

由于中国长期受到西方封锁,所以,港澳地区在中国转口贸易中占据重要的地位。1968年起,对香港和澳门地区开始试用人民币计价结算,买卖外汇人民币使用买卖价。1972年7月起,对香港和澳门地区的买卖外汇人民币汇价改用人民币对港币的贸易兑换率(即人民币对港币牌价的中间价)。

2005年7月21日起,中国开始实行以市场供求为基础、参考一揽子货币进行调节、有管理的浮动汇率制度,人民币汇率从此不再盯住单一美元,形成了更富有弹性的人民币汇率机制。中国人民银行于每个工作日闭市以后,公布当日银行间外汇市场美元等交易货币对人民币汇率的收盘价,作为下一个工作日该货币对人民币交易的中间价格。此后,又逐步放宽了人民币对美元等外汇的单日浮动范围,汇率制度变得更具灵活性。

人民币对美元汇率的历史

下面我们来看看人民币对美元汇率的历史变迁。正如前面所述,1950年7月8日之前并没有全国统一的人民币外汇牌价。

以天津为例,1949年1月18日,官方汇价为1美元兑换人民币(旧币)80元,此后,人民币(旧币)对美元急剧贬值,官方汇价也一路狂跌。当年3月9日,官方汇价1美元兑换300元人民币(旧币);4月6日,1美元兑换600元人民币(旧币);10月10日,官方汇价已是1美元兑换4800元人民币(旧币);到了12月23日,则为1美元兑换23000元人民币(旧币);1950年上半年,官方汇价一度突破1美元兑换40000元人民币(旧币),最高达到41000元(旧币)人民币,此后逐步回落。到了1950年7月8日,全国统一汇价时,官方汇价为1美元兑换35000元人民币(旧币)。到了1951年初,美元对人民币的官方汇价逐步稳定在10美元兑换25000元人民币(旧币)以下。1951年下半年后,一度停止挂牌。

这一段时期恰恰是新中国成立前后的金融秩序混乱时期,经历了几年内战,中国的经济状况可想而知。这一系列官定汇率并没有任何市场价值,但人民币官定汇率的持续暴跌至少反映了新中国成立前后一段时间金融秩序的混乱和实际经济状况的萧条。

到了1955年3月1日,人民币实现了币值改革,此时,官方汇价为100美元兑换246.18元人民币(中间价,下同)。此后,按官方汇价,人民币又逐步升值,1973年6月1日,100美元兑换194.16元人民币,到1975年2月27日,则达到100美元兑换174.31元人民币的高点,此后逐渐回落。1977年开始,官方汇价的人民币对美元又开始升值,1980年7月8日,达到100美元兑144.80元人民币的历史高点。随着改革开放的逐步推进,人民币对美元又展开了漫长的贬值之路。1981年1月13日,100美元兑153.80元人民币;1982年1月1日,100美元兑174.11元人民币;1983年1月4日,100美元兑190.44元人民币;1984年1月4日,100美元兑200.07元人民币;1985年10月8日,100美元兑302.18元人民币。自1987年10月25日起,官方汇价稳定在100美元兑372.21人民币,直到1989年12月16日,官方汇价突变为100美元兑472.21元人民币,然后到1990年11月17日,官方汇价在此变为100美元兑522.21元人民币,并冻结在此。到了1991年4月9日,中国开始对人民币汇率实行有管理的浮动运行机制,当天,100美元兑527.21元人民币。到1993年12月31日,100美元兑580.00元人民币。次日,中国外汇管理制度实现重大改革,人民币基准汇率定为100美元兑换870.00元人民币。人民币自此一次性贬值到位,又踏上了漫漫升值之路。此后,人民币对美元基准汇率曾经长期稳定在100美元兑换827元人民币左右。

历次汇率冻结和突变,实际上反映了中国从20世纪80年代,特别是

80年代后期"价格闯关"改革以后,历史积累的通货膨胀压力在政府的管制下分阶段释放这一现实。加入世贸组织以后,中国的贸易收支情况大大改善,大量贸易盈余开始积累起来。2005年7月22日起,人民币加快了升值步伐,当天基准汇率为100美元兑换811元人民币。此后,人民币对美元一路升值,2008年8月以后,人民币对美元基准汇率基本稳定在了100美元兑换681元至689元人民币之间。

2.人民币汇改:任重而道远

最近几年来,人民币汇率问题一直是国际贸易中的一个焦点问题,人民币汇率目前仍然还存在相当程度的"非市场因素",而且,其市场化改革也是任重而道远。

汇率的本质是供需决定价格,而在长期内决定供需的,归根结底,还是一个国家的长期经济发展趋势,特别是与其他国家相对而言的经济发展趋势。最近30年来,中国的经济发展无疑取得了举世瞩目的成就,目前按GDP核算的总体经济规模,已经位居世界第二,成为仅次于美国的第二大经济体。这是时隔100多年后,中国在总体经济规模上重回在世界上的巅峰地位。但是,人们也看到,中国已经渐渐为自身的问题所困扰,多年的经济发展同时也积累下了诸多的深刻矛盾。

在过去,这些矛盾往往是被暂时放在一边,但到了今天,已经变得越来越无法回避。所有这些问题和矛盾都将严重制约中国经济的可持续发展能力,甚至有可能带来社会的衰败和经济的倒退。

第六章
人民币VS美元：新一轮"货币战争"的矛头

首先是人口问题。

丰沛而廉价的劳动力是近几十年来中国经济发展的一根重要支柱。中国之所以能够吸收来自全世界的资金和技术，中国产品之所以能够以低廉的价格风行世界，都与劳动力的相对优势息息相关。然而，中国正在渐渐失去这个优势。按照科学测算，中国的人口将在不远的将来达到顶峰（2020年左右），在此之后，将会进入长期的衰减历程。换而言之，中国即将进入劳动力相对短缺的时代。更雪上加霜的是：中国的人口老龄化情况日益严重，并将在未来数十年内急剧恶化。早在2005年，中国65岁以上的人口就已经超过1亿，占到人口总数的7.7%，属于典型的人口结构老龄化国家。人口减少、人口结构老龄化对于一个非移民国家的经济发展而言，影响无疑是相当负面的。

人口结构老龄化所带来的不仅仅是劳动力的减少，还有严重的社会保障负担。有报告称，美国的社会保险体系面临破产，按目前的数据测算，美国的医疗保险基金和养老保险基金分别将在2019年和2039年左右耗尽，这意味着1980年以后出生的美国人，将没有分文退休金可领。虽然美国在人口老龄化程度上较中国更为严重，但是美国不仅远比中国富裕，而且还是移民净流入的国家。这些移民不仅平均年纪较轻，还将资金和技术带入美国，大大缓解了美国的人口老龄化带来的压力。可以想象，中国的医疗保险体系和养老保险体系也将在未来面临非常严峻的形势。我们还应该记住的是，未来社会保障体系所消耗的资源和财富不会从天上掉下来，它们都要从今天的账户中支取。

总而言之，中国的人口问题对于中国未来的经济竞争力构成了非常严重的制约，这种制约，特别是未来用于医疗和养老这样的社会保障体系的巨额非产出性福利支出，将严重削弱人民币的实际购买力。这是笼罩人民币汇率长期趋势上的巨大阴影。

制约中国未来经济竞争力的另一个重要因素是经济结构失衡带来

的资源配置扭曲。虽然中国进行了多年的经济改革,改变和纠正了以前很多不合理的资源配置机制,释放出巨大的经济活力,然而,从整体上来看,资源配置扭曲的局面并没有得到根本性的改善,本质上的经济"双轨制"并没有改变。今天的国有垄断企业,从账面上看,盈利水平相较以往已经有了非常大的提高,但这种盈利并非实际经济效率提高的结果,更大程度上是垄断地位得以强化的结果。或者说,国有企业通过自身的垄断地位,从其他发展迅速的竞争性经济部门手中夺取了本应属于那些部门的经济果实。并且,这些国有企业还可以通过银行系统获得低于市场利率的低成本融资支持,从而获得相对其他企业(特别是民营企业)的巨大优势。

国有垄断企业只不过是整个经济结构中存在问题的一小部分。对非生产性部门或经济效率相对低下的部门支付与其实际经济贡献不相符的过高福利,也是中国经济中普遍存在的问题。由此造成的资源配置扭曲,带来的是整体经济效率的低下。此外,为了维持以投资拉动的高速经济增长,在资产价格方面也存在制度性的扭曲现象。虚高的资产价格不仅带来了过多的流动性,更带来了资源配置的扭曲,损害了整体经济的效率。所有这些中国经济结构上存在的问题,都会对人民币的长期汇率产生实质性的影响。

此外,技术能力的落后和发展乏力也会对中国未来的经济竞争力构成严重制约。邓小平指出:科学技术是第一生产力。技术无疑是撬动财富增长的最有力的杠杆。但遗憾的是,中国在技术能力方面仍然没有取得太多实质性的进步。虽然中国一直保持了较为完整的工业体系,但是关键技术、关键部件、关键设备仍然依赖进口。中国虽然拥有世界上最大规模的高等教育,也拥有庞大的科研院所体系,但原创性、突破性的技术成果依然十分罕见,在技术能力上与其经济规模极不相称。由于在教育、科研体制上存在的诸多弊端难以革除,改变这一状况的前景依然十分不乐观。曾经有美国学者在对比中印两国的教育现状后尖锐地指出:印度教育的最大问题不是质量而是数量；中国教育的最大问题不是数量，而是质量。中国通过"高等教育大跃进"虽然制造出了世界上最大规模的受高等教育的群体，但其质量令人忧虑。这位美国学者还指出：中国大学里培养的所谓工程师，并不是西方意义上的工程师，而更像是技术工人。然而，具有讽刺意味的是，他们离技术工人又太远。

中国的实际情况是：合格的技术工人严重短缺，大学毕业生大量失业。

技术能力上全面落后，教育和人力资源开发体制方面又存在严重弊端，使得这一状况得以改变的前景十分黯淡。这是中国经济必须面对的残酷现实。中国现有的经济模式在过去取得了巨大的成功，但这种成功不可能在未来持续下去。为维持中国经济的竞争力，产业升级、经济转型已迫在眉睫。如果中国不能在技术能力上有所突破，那么产业升级、经济转型都将是一句空话，未来的经济前景堪忧。

人民币汇率不仅在今天是个焦点问题，在将来也依然会是焦点问题。中国的经济现代化无疑是世界经济发展进程中极为重要的一部分，将长期受到全世界范围的关注。人民币汇率作为表征中国经济状况和趋势的重要经济变量，仍将继续处在"风暴之眼"。

3.新一轮的经济博弈

随着人民币汇率的市场化程度不断加大，它反映实际经济状况的能力也在不断增强。中美经济关系中存在的问题，特别是两国之间的经济摩擦，近年来也越来越多地反映在汇率问题上。未来中美在经济上的博弈，必然会更多地反映在人民币与美元的汇率之上。

美国发动的货币战争

美国曾经利用美元打遍世界并屡屡获胜。

譬如20世纪初叶,美元打败英镑成为世界货币霸主;20世纪中叶,美国利用美元颠覆共产主义国家,还利用美元打垮了国际石油输出国;80年代到90年代,当日本的经济势力出现超过美国的苗头时,美国利用美元的世界货币霸主地位强迫日元升值20%,击垮了日本经济增长的强势劲头;90年代后期,美国攻打伊拉克消耗了大量美元资产,但美国却让他们的战争经费由亚洲国家埋单,人们肯定不会忘记1997年的亚洲金融危机,正是美国利用美元再一次偷袭亚洲国家,把韩国、泰国甚至香港地区席卷一空;而出现在2008年的金融危机,也正是美国展开又一轮美元战争的借口和开始,这一轮美国和美元的战争对手无疑就是中国和人民币,其战争理由与当年美日经济战争十分相似。

简短分析一下当年美日之间那场经济战的成因、结果,也许会对当下的美中经济之战有所借鉴和理解。

这场开始于1985年的美日经济之战,当时的背景是日本GDP开始超过美国GDP的一半。

具有极强民族主义的日本人开始欢呼:只要超过美国的GDP,日本就可以恢复成"正常国家"了!世界各国也都在兴奋地期待着日本GDP超过美国GDP的那个"历史性时刻"!日本企业更加疯狂,美国经济的象征——洛克菲勒广场被日本人买下了!美国的精神象征——好莱坞被日本人买了!美国开始坐不住了,眼看着世界第一的经济地位就快保不住了,美国人民的荣耀感在急剧下滑,民间开始蔓延仇日情绪。

1985年,美国游说七国集团其他成员国,逼迫日本签署了以"行政手段"迫使日元升值的广场协议,其中心思想就是日本央行不得"过度"干预外汇市场。日本当时手头有充足的美元外汇储备,如果日本央行干预,日元就升不了值。从"广场协议"签署开始，美国要求日元升值，日元兑美元的汇率从协议前的1美元兑240日元上升到1986年5月时的1美元兑160日元。美国里根政府认为日元升值仍不到位，于是继续推高日元。到了克林顿政府时期，美国政府对以汽车摩擦为核心的日美经济关系采取比较严厉的态度。当时，克林顿政府的财政部长贝茨明确表示，为了纠正日美贸易的不均衡，需要有20%左右的日元升值。根据美国政府的诱导目标，到了1995年4月，日元的汇率急升至1美元兑79日元，创下了历史最高纪录。

这一轮长达10年的美元和日元的不公平战争，结果是美国大获全胜，成功地击退了日本的经济进攻。洛克菲勒广场重新回到了美国人手中，通用汽车在这个广场的一卖一买中净赚4亿美元。美国的日资企业在艰难度日中大规模亏本，退出美国市场，日本和美国的GDP之比重新拉开了距离，而且越来越大。美国消除了日本经济的威胁，保住了美国经济世界第一的地位之后，日元又重新回到了1:140的位置上，美元的坚挺依然和30年前一样，美元暂时性的贬值并没有损害到它的国际地位。

如今，美国又把新一轮的货币战争的矛头指向了中国。目前，中国已成为仅次于美国的第二大经济体；中国有大概2万亿美元的外汇储备，其中接近一半是购买的美国国债；"中国制造"已经成为美国普通家庭的生活必备用品，中国制造业大量向美国输入造成了美国制造工人的大量失业。中国的经济发展正对美国造成潜在的巨大威胁。另外，在金融危机下，美国的经济衰退明显，美国财富受到了大幅度损失。作为操纵着世界货币"美元"的国家，美国已经习惯于通过货币战争从别的国家掠夺财富来弥补本国的经济损失。

中国虽然在这场由美国发起的全世界的美元对中国财富的疯狂掠夺战争中损失巨大，但中国毕竟已经不是30年前的中国，现在的国际形势也不是30年前的国际形势，中国在国际上有了更多的话语权，更关键的是，世界离不开中国。已经觉醒和强大起来的中国人民，不会屈服于任何外来的任何形式的侵略。中国的沉着应战将会给美国和西方国预期的目的打上大大的问号。也许美元和人民币这一轮的征战会是人民币走向国际化、成为国际货币的一个契机。

人民币与美元的竞争

无论如何,在未来的国际货币体系中,人民币的影响力将会大大上升,中国也会凭借自身的经济实力努力推进人民币在这一体系中的地位提升。扩大人民币的国际影响力,使之成为中国在全球的资源和产品市场上实现经济循环的有力工具,是中国既定的战略目标。

而另一方面,美元依然会在未来的国际货币体系中扮演非常重要的角色。所以,在未来的世界经济格局中,将形成中美两种不同经济模式的竞争;在货币体系中,美元和人民币也会形成激烈竞争的格局。

正如前面所言,由于美元立足于自由市场经济,在可接受性上有着天然的优势,而人民币的可接受性则建立在双边的政治关系和贸易关系的基础之上。目前,中国企业在南美市场和非洲市场上攻势凌厉,西方国家的企业越来越难以与之竞争。中国企业之所以能够在南美和非洲地区的第三世界国家市场上取得这样的优势,不仅是因为中国产品在价格上的优势,更大程度上还是有赖于双边的良好政治关系。非洲目前已经成为中国重要的能源和原材料来源地,而非洲也日益成为中国产品的重要市场。中国与非洲国家之间的传统友谊和目前所营造的良好政治关系,为中国企业开拓非洲市场奠定了良好的基础。自由市场经济在第三世界国家的退潮无疑将带给中国更多的机会。

而在第三世界国家做生意的方式也与在西方国家做生意的方式有着很大的区别,前者需要以良好的政治关系为前提,而后者则以透明和法制为基础。当然,中国产品在价格上的优势依然会发挥重要的作用,而这一优势在相对贫穷的发展中国家尤为关键。可以想象,未来,中国与非洲、南美之间的经济联系将日益紧密,人民币在这些地区的影响力也会逐步得到增强,人民币有望在这些地区获得较高的可接受性。在中国周边某些国家和地区出现的人民币实际流通现象,很可能会扩散到南美和非洲地区。但美国在其主导的自由市场经济圈乃至整个世界的影响力仍然不可撼动。至于人民币在西方国家的前景,我们应该坦承,并不乐观。

在全世界推行美国的价值观和自由贸易是美国的国策,事实上,自由贸易本身就与美国的价值观有着非常密切的联系。可以肯定的是,未来两大经济圈的形成,会被美国视为对其价值观和经济利益的挑战。虽然中国与以美国为首的西方世界的经济竞争主要将发生在第三世界国家(特别是南美和非洲地区的第三世界国家),但是美国仍然很可能把这种竞争看成是一种潜在的致命威胁。

总而言之,美国必定会竭力阻止和破坏国家干预主义经济圈的形成,当然也必定会致力于遏制中国在这个经济圈的经济影响力的扩大,特别是阻止人民币"颠覆"美元在这个经济圈中的地位。这攸关美国的关键利益。为达成这个战略目标,美国会采取一切必要的手段,甚至可能不惜向中国发动隐秘甚至是公开的经济战。从目前的博弈态势来看,美国对中国仍然拥有非常大的整体优势,其中占据优势地位的美元更是其手中的王牌武器。

4.人民币真能成为世界货币吗

"人民币将成为国际货币,继美元、欧元和日元之后成为'金融第四岛'"。这对于中国人民来说是多么"妙不可言"的事情。

金　融　硝　烟
Financial smoke

美国《侨报》刊出署名文章说,中国人民币国际化路线图日渐清晰。人民币国际化好处显而易见:可以改变中国"贸易大国、货币小国"的尴尬;降低当前海量外储的风险;提升中国在国际金融体系中的地位和话语权;可以换取人民币持有者的资源,增加铸币税收入。人民币国际化已经从区域化到全球化分阶段实施。以目前的影响力来看,人民币最终成为世界货币只是时间问题。

人民币成为国际货币之后,对中国经济及中国人民日常生活的好处无与伦比,但关键是,人民币想成为国际货币的内在实力条件和外部许可环境以及作为牵引推动的导火索机会是否都已成熟和具备。

中国的GDP总量仅次于美国,是世界第二大经济体。中国国内市场潜力巨大,世界对中国的信心指数和实力认同感正旺盛。特别是在金融危机的冲击之下,欧洲受到东欧国家破产危机的拖累,经济疲软不振;美国金融体系崩溃,国家经济下滑;日本经济衰退明显;唯有中国的经济基本面仍很稳定,经济仍在增速发展。世界各国正期盼着中国经济的稳健能带动世界经济走向复苏。在此背景下,人民币似乎已经具备了成为国际货币的谈判的必要条件:自身经济实力及在国际贸易、投资和金融体系中的影响力。

在2009年的中国两会上,人民币国际化成为热点,还被提上了日程。有代表直言不讳地提出中国应该把人民币去国籍化改为"华元",让香港、澳门和统一后的台湾省共同使用。待中国强大以后,将使中国的华元成为与美元、欧元并驾齐驱的世界货币。

就目前阶段看,把人民币改华元的假想是在亚洲不可能出现"亚元"的情况下,未来亚洲可能将出现三种以上主要货币相互竞争的局面,特别是日元、人民币和印度卢比之间的竞争。而要使中国的货币随着经济实力的上升成为居于统治地位的亚洲通用货币,就要放弃带有政治色彩十分浓厚的"人民币"称号,改为具有中华民族和经济特征的"华元",并在适当的时候让港、澳、台地区也使用"华元"。这样，在21世纪中期，华元在亚洲将居于支配地位，在世界上将和美元、欧元势均力敌。

更有经济学家们在讨论建立一个大中华货币区的设想。从趋势上看，亚洲已经逐渐成为重要经济体，比如说GDP差不多占到全球的1/3，如果在亚洲建立一个统一的货币金融制度，跟欧元、美元形成稳定的三足鼎立的货币关系，能在客观上保证全球政治经济的长期稳定，从中长期来看，应作为新一轮货币金融体系构建的方向。

建立亚洲货币体系以什么为核心、以什么样的制度安排是问题的关键。想要形成东亚和东南亚的联盟，一个重要的前提是日本必须跟美国脱钩，这样才能具备产生亚元的社会基础。至少在10年到20年的跨度中，这是一个很难实现的货币制度安排。剩下来就是两个选择，要么以日元为主，要么以人民币为主，来构建亚洲统一的货币制度。在日元和人民币两者选择当中，很明显，人民币要优于日元，主要是中国相对独立一些，和亚洲文化上更融通一些。亚洲的货币制度应以人民币为核心，形成亚洲人民币，相对其他方案来说，这个方案更具备现实可行性。

中国人民银行行长周小川不失时机地在两会期间透露："将全面推进人民币贸易结算。"这位曾在2005年国际货币会议上挑战格林斯潘的"人民币先生"，看来是决心要迈出人民币走向世界的步伐了。

根据周小川行长的这一启动路线图，很大一部分中国的经济学家提出了很现实也很必需的前提条件假设。

关于如何来推动人民币的国际化，首先还是要回到全球金融体系怎么构建上。现在，中国在国际货币规则的制定上介入得太少，几乎完全是被牵着鼻子走。在金融规则方面的被动，也与我们金融国际化程度低有直接关系。现行的有些国际金融货币规则本身是限制发展中国家银行的规则，由于我们的话语权太少，只能被迫接受。所以，从这几个角度来说，人民币的国际化其实是中国整个国家国际战略的重要组成部分。

从实施层面看,人民币能否在全球尤其是亚洲流通起来,关键还在于我们能不能创造一个使用人民币的环境。就国内而言,中国确实要把激发内需的长期机制建立起来,也就是说,从现在开始,中国要有一个战略上的转移或转折,要依靠国内消费真正带动中国经济的长期增长。广大的低收入阶层和广大农民,他们的收入、消费机制,包括信用机制需要尽快建立起来。而与此同时,中国也要参与创造或参与分享国际一般购买力。

我们知道美元是国际储备货币,是国际一般购买力,美国通过发行美元,不仅买你的服务,买你的产品,买你的旅游,它还通过各种基金买你的公司,控制你的行业。中国过去没有从国家战略的层面来高度重视金融,不像美国和欧洲,金融危机爆发以来,美国政府一直在思考怎么继续维持美元霸权,让全世界继续用美元。因此,未来想要成为国际货币,人民币就必须参与控制国际的一般购买力,参与发行国际储备货币,摆脱美元霸权。

人民币国际化的道路是漫长的,不可能一蹴而就,要做好长期而战的心理准备和循序渐进的稳健步骤。中国首先要在政治层面上针对现有的国际货币框架体系尽量地去周旋,尽量地多要一些利益。现有的框架,美国的态度非常明确,它就是要维持它的国际货币基金组织和世界银行体系。既然眼下这个体制改不了,那就设法增加中国的投票权。在一定的特殊条件下,中国应该及时对美国提两个条件:首先,美国境内的资产允许中国去购买,中国拿着各种血汗钱换来的美元,如果在美国实现不了购买力,那就是一堆废纸;如果只能买美国国债,那也是废纸,你永远只能拿着美国国债,而无法换取其他任何资源和物资。其次就是拒绝美国人对人民币升值的要求,要美国人给一个相对固定的承诺。

很显然,美国和美元不会主观答应人民币成为国际货币的诉求。美国想方设法保持其在国际货币基金组织的强势地位,目的就是要捍卫美

第六章
人民币VS美元：新一轮"货币战争"的矛头

元的国际货币霸主地位，美国经济的运转仍建立在美元的国际货币地位之上。除了美国，欧盟和欧元也不会答应人民币国际化。虽然欧元在国际金融中的地位不断攀升，可从私利出发，欧元也不希望世界上再出现一个强势货币与其分一杯羹。日本和日元似乎对于人民币的国际化没有太多的理由提出反对意见，其实不然，日本和日元同样排斥人民币国际化。原因是同在亚洲，目前中国的经济发展速度或发展潜力对日本经济都是一种威慑，中国经济的崛起和人民币的国际地位升级都将威胁日本在亚洲国家间的统领地位。当然，除此之外，还有同是发展中国家的印度和俄罗斯，他们在主观上也都反对人民币成为国际货币。

但是，中国经济发展到今天的地步，已经成为世界贸易大国，贸易顺差差额越来越大，中国已经超越日本成为外汇储备和美国国债拥有量最大的国家。美国担心中国疯狂抛售美国国债；欧洲担心中国拒绝购买他们的技术和服务；日本更担心中国"抵制日货"；韩国希望中国尽快完善中、日、韩三边货币互换协议，以此来拯救韩国经济；国际货币基金组织正等候中国的援助借款；东盟十国也希望中国的经济稳定带给他们福音。世界都在看中国经济，都离不开中国经济的发展。可中国的"贸易大国"与"货币小国"的不协调矛盾阻碍了中国经济的进一步发展，中国务必寻找"大国需要强币"的出路。此时，中国经济的既得优势就成为中国推动人民币国际化的谈判砝码。

全球金融危机引爆的全球经济衰退将是中国人民币国际化的机遇和转折点。然而，人民币成为国际货币不能靠一系列假设条件，它将是一个复杂的货币革命里程。中国也认清了现实，没有想当然地宣称呐喊。中国已经在推动人民币参与国际货币的行动，只是步伐稳妥。周小川在中国人民银行网站上发表文章建议改革国际货币基金组织，"创建一个超主权国际储备货币"，中国央行行长向世界重申了中国推动人民币国际化的态度和立场。

5.中国该不该发行千元大钞

假如中国现在有了1000元面额的人民币,会是什么状况?是否会在减少成本、带来便利的同时,出现假钞、货币贬值、通货膨胀等问题呢?

建议中国发行千元大钞的理由是:电子支付体系尚不完善,现金仍然是流通的主要方式,发行大额钞票,目前所遇到的携带、储存、交易、流通等问题就能迎刃而解。

在2004年的两会上,政协委员宗立成提出了尽快发行500元和1000元面额大钞的建议,当时央行官员给予的答复是,发行大钞时机尚不成熟。2009年两会期间,政协委员广东省律师协会副会长朱征夫也提出了"建议中国发行千元大钞"的提案。在2012年的两会上,宗立成委员又提出,发行500元或1000元人民币的时机已经成熟, 大面额人民币拥有诸多优势和好处:第一,便于携带;第二,减少流通环节的时间,提高效率;第三,节约纸张……而且,目前的人民币最大面额相对偏小,与中国经济总量的高速增长相比,已经不能满足日常交易的需求。

就政协委员提出的千元大钞的"三大好处"而言,不乏认同者,因为不久的将来,"社会的发展必然会实现千元大钞";而反对者则更着眼于现实,认为"这不能刺激消费,百姓不需要千元大钞"。

对于中国发行千元大钞所能带来的益处,大家众说纷纭,暂且不说千元大钞是否可以刺激消费,拉动内需,毕竟钱在你的口袋里,花不花还得看你自己。有人说,百元大钞已经"经不起花了",普通的工薪阶层稍大点的消费就上千,大宗消费也越来越多,千元大钞对于携带和交易无疑都是方便的,这样一来,自然也有环保的好处。然而,也有人说,大宗的消费可以刷信用卡,那样更环保一些,但并非所有的交易场所都能一刷了之,当今习惯了现金消费的人们,适应刷卡消费还没到如此普遍的程度。从这一点来说,委员的提案并不是没有道理。

当前,中国百元钞票真的不够用了吗?中国真的有必要发行千元大钞吗?

凡事有利也有弊,中国发行千元大钞除了有宗、朱两位委员所说的诸多好处之外,也会有一些不利之处。从一个普通老百姓的角度来权衡,中国到底该不该发行千元大钞?钱包里钱多可以刺激消费的说法,有什么依据呢?我们知道,新发行的货币是直接作为财政收入的,与居民消费关系不大。钱袋里有钱可以刺激消费,乍一看的确很有道理,但这必须有一个前提,那就是汇率稳定、币值稳定。

有人指责说千元大钞是为行贿、受贿大开方便之门,还有人担心此举会引发新的通货膨胀,这些担心都不无道理。一位银行职员的观点是,刷卡是有痕迹的,转账一查一个准,现金腐败却没有痕迹,银行记录根本查不到。

有人说,问题的关键在于老百姓真的需要千元大钞吗?老百姓最担心遭遇假钞和货币贬值。如果遇到500元、1000元的假钞,人们被骗后就亏大了。

一般来说,只有当一个国家的单位货币价值降低,才需要发行大面额货币,如日本、韩国。而日常百姓家庭生活支出完全可以用银行卡,现在发行大面额货币,除了少数富人,一般家庭都用不上。

除了伪造,大额纸币的另一个问题是找零困难。

试想,为了达到与以往同样的找零满足率,比如至少能应付连续3笔最大钞支付,商家需要在钱柜里至少保留20多张百元钞,而以前则只需要保留百元以下的零钞。这样一来,便大幅增加了社会的现钞持有量;同时,大额纸币的出现相当于扩大了每个钱包的容量,降低了携带单位纸币的成本,这同样会增加社会总现钞量。相信很多人都有过类似的经历,上街购物的时候,有时候碰巧口袋里没有零钱,只好掏出100元的钞票去付款。每当这时候,总会听到一些小摊贩抱怨:"怎么拿这么大的钱?"如果有一天真的拿一张千元大钞上街,能不能把它花出去还真是个问题。

与此同时,大额现钞在西方发达国家由盛极一时也走向了衰落。美国人在付账时不喜欢大钞,荷兰和比利时的许多小商店和加油站都贴有告示:"本店拒收500欧元。"拒收理由无非就是怕收伪钞、找零难。

目前的经济环境下适合发行大面额钞票吗?有人认为,发行大面额钞票会让老百姓产生人民币贬值和通胀的心理预期,对控制通货膨胀及人民币在国内的购买力都会产生诸多不利影响。

一国货币的面值要根据货币内在的价值在市场流通,像美元、英镑这些"硬通货"面额都不大,最大面额分别是100、50,这些国家的经验是大量使用银行卡等来解决类似的问题。手握1张500元钞票和手握5张100元钞票所带来的心理感受是不一样的,对500元钞票的反感,很大程度来自百元大钞购买力的下降,在"钱不值钱"成为人们一致认知的情况下,发行大额钞票只会增加人们的恐慌感。人们担心如果发行大面额钞票,那人民币就有可能变得像韩元、日元一样不值钱。

对于是否发行大面额钞票的问题,央行给出了回应。央行行长周小川表示,千元大钞暂无发行计划。副行长胡晓炼也说,是否发行大面额钞票需要统筹考虑利弊,目前没有计划发行500元或者1000元大额钞票。这一选择是明智的,目前的情况下,确实没有什么靠得住的理由来发行更大面额的纸币。

根据国际通行的货币发行公式:当前在市场上流通的纸币总量中,当最大币值的纸币交易量超过70%时,才表示目前发行的纸币币值太小,应发行更大币值的纸币。但目前中国最大币值的钞票即100元,在市场流通的纸币总量中,仅为20%~30%。即使是今天,100元在市场流通的纸币总量中的比率仍然远低于70%。

各国的经验显示,我们不需要500或1000这么大面额的纸钞。相反,在目前的支付技术条件下,约相当于人均GDP2‰的最大面额已足够使用,而超出人均GDP1%的面额则是大而无当的。在各大主要货币中,只有欧元有500元大钞,美元只有百元钞,日元最大面额一万,币值近似于百元美钞。

一个更有启发意义的例子是港元。按上述GDP标准,港币的最大面额500元就够了。实际上,港元早就有了千元大钞,但有大量证据显示,千元港钞的发行是个很大的败笔。和所有大面额纸币一样,千元港钞从诞生之初起,面临的最大问题就是伪造。

千元大钞会给洗钱、逃税及假钞等不法行为带来便利空间,显然,如何对其进行合理预防是主管部门需要慎重考虑的问题。香港就曾因千元假钞事件而引发市民的恐慌情绪,一度导致多家商场拒收千元大钞。从内地的假钞查缴实践看,2010年全国金融机构从流通中收缴人民币假钞430.9万张,面额合计币3.38亿元,其中也以面额100元的假钞居多。

发行大面额纸币也与通货膨胀有联系,这里有一个典型的案例:第一次世界大战之后,在战争赔款的重压下,德国出现了史无前例的恶性通货膨胀,结果于1924年发行了人类有史以来最大面值的100万亿马克纸币。在当前物价高、企业行业经济普遍不太景气之际,发行大面额人民币可能会引发通胀预期,助推通货膨胀。

发达国家的经验已表明,电子交易将是未来的主流支付模式,这一趋势是大额货币发行所不能阻挡的。故而,有关部门在致力于防范大额货币对金融市场负面冲击的同时,也绝不能放松对电子结算业务的关注,而是应当在此前规范第三方结算业务的基础上继续加强监管,以此降低"无纸化"交易风险,促进其快速发展。

可以说,现在中国发行大面额人民币的时机仍未成熟。凡事都具有两面性,有利也有弊,关键是要先权衡利弊,分清哪头重哪头轻,再来说当前中国是否真正需要千元大钞。

6.谁在制定国家货币政策

货币是一个国家掌握经济命脉的一种工具,但是制定这种工具也有一定的讲究,即需要考虑如何抑制通货膨胀,如何实现完全就业或经济增长。于是,关于货币的政策(规则)应运而生。货币政策是指政府或中央银行为影响经济活动所采取的措施,尤指控制货币供给以及调控利率的各项措施。

在实际操作中,面对各种不确定性,政策的制定往往就是将想法与数据组合起来;同时,把政策实施后可能出现的政策后果进行罗列,试图测算出一旦作出错误的决定会有多大的代价,最后在各个政策中尽量选择出能够提供最大利益、承受最小风险的政策。简单讲,就是如何使得货币在运行中收入大于支出。

不管我们是否真正全面掌握所有的货币政策,事实上,这些政策也仅仅是依赖于对未来的一种预测,这一不确定性在货币增长规则上表现得尤为尖锐。其实,通货膨胀在本质上就是一种货币现象,它是指流通中的货币的价值和流通中的货物与服务的价值相比出现下跌的现象。随着技术革命对一国金融体系的不断冲击,区分某种特定的货币、准货币或未来价值储藏的差别变得越来越困难。尽管有一个结论是千真万确的,即通货膨胀产生的根源是流通中的货币供应量超过了社会全部购买产品所需的货币量。我们在对付不确定性时,只能确保按照合理定义的货币增长没有超出可预见的谨慎范围之外,但问题是,我们根本无法精确地定义这些范围。而且,即使在这些范围之内,我们在制定货币政策时仍会给自己留有一些空间。

在历史上,谨小慎微的货币政策当然并不是完美无缺的,在生产力不断加速提高并占主导力量的今天,我们目前执行的不断微调的货币政策已经使人感觉到了恐慌。实际上,所有的预测人员,包括政策制定者在内,在实际操作中都毫无例外地在按照我们的经济学家研究出的各种假设前提或模型行事。因此,当政策在面对市场的不确定性时,即便再谨慎小心,也无法完全避免风险,政策难免有所失误。也就是说,货币政策有的时候会失灵。

20世纪90年代初、中期起,各种迹象表明,资本回报预期正在不断上升。这一点既反映在投资于高技术设备回报率的显著上涨,又反映在公司管理对长期收益增长估计不断上升。可是,我们没有把握我们观察到的这一切,究竟是短期内生产力提高的突然爆发,还是生产力长期持续的增长。当生产力持续增长、经济扩张期明显变长时,处于一个生产力持续上升过程的观点可信度会更大一点。重要的是,只有当我们在其他经济活动中看到证据,同时资本市场的数据与加速发展生产力相一致,我们才能进一步增强我们的自信心。

当面对一段时期内的结构性变化时,我们的政策行动在很大程度上必须建立在能够从惊异与异常的数据中辨别出正在形成的走势基础之上,然后仔细地刻画出这些走势的内在含义。面对矛盾的信息,死守某一个经济模型是极其荒唐和愚蠢的。因此,面对生产力的提高,积极调整自己适应社会是政策制定需要极力考量的。

在过去的10年里,中国经济年均增长10%,这个世界上人口最多的国家因其经济政策发生了巨大改变。但如今,中国正面临自20世纪90年代以来最大的通胀威胁。如果中国政府给经济降温的刹车踩得过猛,可能会扼杀经济增长,也会给全球经济带来潜在冲击;但如果中国任由通胀加剧,可能又不利于国内消费者,也会给出口商和银行带来压力。因此,中国的货币政策就是和中国通货膨胀作斗争的过程。

美国的货币政策由伯南克决定,那谁是中国的"伯南克"呢?中国央行前顾问、经济学家余永定的答案是:没有哪一个人可以单独决定。货币政策的重要决定是集体作出的。

因此,在经济发展的现阶段,这些货币政策的出台必须有一整套制度加以规范和完善,因为它有助于在不同部委当中树立行动共识。

在中国货币政策的出台过程中,有三种机制扮演着重要角色。

第一个层次是货币政策委员会。根据《中国人民银行法》和国务院颁布的《中国人民银行货币政策委员会条例》,经国务院批准,中国人民银行货币政策委员会于1997年7月成立。2003年12月27日新修订的《中国人民银行法》第十二条明确指出,中国人民银行货币政策委员会应当在国家宏观调控、货币政策制定和调整中发挥重要作用。根据《中国人民银行货币政策委员会条例》,货币政策委员会的职责是在综合分析宏观经济形势的基础上,依据国家宏观调控目标,讨论货币政策的制定和调整、一定时期内的货币政策控制目标、货币政策工具的运用、有关货币政策的重要措施、货币政策与其他宏观经济政策的协调等涉及货币政策的重大事项,并提出建议。

第二个层次是国务院会议。根据当前制度,在制定关键的货币政策时,利率或银行存款准备金率必须由国务院常务会议批准。从目前来看,国务院常务会议由10人组成,以国务院总理主持召开会议对货币政策加以制定。

第三个层次最高,是中共中央政治局会议。更加重要的货币问题和汇率政策,由中共中央政治局会议决定。

一般而言,货币政策委员会基本更加倾向于从货币本身考虑政策的出台和建议,但是中国人民银行和其他部委一样,都有自己的考虑。在制定利率决策时,央行有时候会跟地方政府、国家发展和改革委员会的意见不一致。发改委希望把利率维持在低水平,以便能够为其新项目融资;央行的汇率决策常常遭到商务部的反对,后者希望低估人民币币值,这样,出口商在对外贸易中才会占有优势。因此,制定货币政策并不轻松,货币政策的制定过程包含国家战略和发展大计,同时还存在利益的协调。如果利益存在冲突,则需要停下来,等到大家意见统一了再制定。

大规模的刺激计划很有可能会密集产生一批不良贷款,并在很大程度上导致通胀。刺激性的消费和借贷的确令中国经济实现了飞速发展,2009年全球大部分经济体陷入衰退之时,中国经济增速却高达约9%。但这也产生了具有潜在威胁的信贷激增现象,房价被刺激得居高不下也让货币政策制定者十分头疼。

由此可见,货币政策的制定绝非易事,每一个小小的加息政策都会对国民生计产生重要的影响。因此,货币政策的出台必须是理性和冷静的。

7.设想中的"新双雄格局"

近几年来,中国的总体经济规模在世界上的排位持续上升。目前,中国的GDP已超过日本,成为全球第二大经济体。可以相信,中美两国之间的经济规模差距也将日益拉近。

中国经济地位的这种改变,给整个世界经济格局带来了深远而重大的影响。中国凭借自身日益增强的经济实力,正积极谋求在国际经济和贸易事务上的更大发言权,在此过程中,很可能与西方特别是美国发生强烈的碰撞;与此同时,世界经济的总体格局也在悄然发生重大的变化:一方面是世界各国的经济力量对比正在发生重大的改变;另一方面则是全球化进程悄然走向停滞,各国的经济发展模式走向裂变,全球性的经济衰退大大加速了这一进程。

本次全球性金融危机爆发以后,在世界范围内引发了对自由市场经济的反思。虽然在总体上,西方主要国家依然会坚守自由市场经济的基本原则,但在其他国家,特别是第三世界国家,恐怕会不可避免地出现一轮自由市场经济的退潮,国家对经济活动的干预和管制会日益加深,甚至有可能再次出现国有化的浪潮。

自从冷战结束之后,自由市场经济几乎在全球范围内被奉为圭臬,第三世界国家也经历了一波经济自由化的浪潮。但经历了将近20年的发展,自由市场经济带来的结果并非总是那么如意。当然有明显的受益者,比如印度。印度大选国大党大胜,说明即便是在全球性的金融危机爆发、舆论纷纷指责"自由放任"乃是祸端之际,印度对自由市场经济仍然坚信不疑。因为过去将近20年的经济改革,已经让印度大大尝到了甜头。但是对于其他很多国家而言,现实却并不乐观,自由市场经济给这些国家带来了一系列严重的社会经济问题,诸如国内市场被外国商品占领,传统产业受到严重冲击,资源滥采及工业废物排放导致环境污染和破坏,贫富分化严重,犯罪率上升,等等。

全球经济自由化的20年,同时也是世界各国的经济差距急剧扩大的20年。特别是在国际金融危机全面爆发的背景下,欠发达国家弱小的经济竞争力更是备受冲击,他们急需国家力量的介入来保护本国经济。即使是主要的西方国家,也在忧虑这么一种情况:由于中国对经济活动的国家干预很深,中国企业在危机状况下有可能获得更多的来自国家的隐性补贴和政策支持,使得类似的西方企业难以与其竞争,因为西方的企业往往很难从政府那里获得这样的帮助。对于其他第三世界国家而言,由于其企业的竞争力本来就普遍不强,这种状况只会更糟,所以他们有了对经济进行国家干预的充分理由。此外,奉行国家干预主义的中国在经济上的成功,又为他们提供了一个可以效仿学习的典范。随着国家对经济活动干预的深入和制度化,自由市场经济的退潮将成为必然。而从更阴暗的角度来看,由于贪污腐败和权力寻租在第三世界国家的盛行(权力寻租是指握有公权者以权力为筹码谋求获取自身经济利益的一种非生产性活动),经济衰退带来的萧条也使得官员们急需扩大对国内经济资源的控制,以继续捞取巨额利益。第三世界国家的政府和各级官员因此都有着对经济主体进行国有化,以及加强对经济活动干预的强烈动机。所有这一切或明或暗的因素,共同推动了自由市场经济在第三世界国家的退潮。

新双雄格局

由于自由市场经济将不可避免地在第三世界国家退潮,世界各国的经济发展模式也必将发生裂变。有西方学者预言,世界上将出现两个截然不同的经济圈:国家干预主义经济圈和自由市场主义经济圈。

如果确实如西方学者所预言的那样,出现这样两个经济圈,可以肯定的是,在这两个经济圈里做生意的方式是大大不同的。

在国家干预主义经济圈里,由于外汇市场被严格管制、贸易主体为国家所控制等原因,贸易方式将更为直接和简单,将以本质上的双向"以物换物"贸易为主。在这个经济圈里的贸易,可能不会有所谓的"主导货币",但人民币无疑会成为这个经济圈里的重要货币,这种贸易也会被注入非常浓厚的国际政治因素。

金 融 硝 烟
Financial smoke

　　而在自由市场经济这个经济圈里,贸易形式将丰富复杂得多。这里的贸易不仅要求维持非常发达的外汇市场,也必然会要求维持一个主导货币,一般而言,这个主导货币就是美元。当然,美元不仅会在这个经济圈里成为主导货币,在国家干预主义经济圈里也会有重要影响,这不仅是因为西方在总体经济实力上仍然具有巨大的优势,更因为美元的机制使美元更具有可接受性。如果按此方向发展下去,美元与人民币的关系就会变得特别微妙。

　　如果两大经济圈形成,中国还有没有可能维持对美国的巨额贸易顺差及持续从美国获得大量美元呢? 答案显然是不可能。美国乃至整个西方世界必然会对国家干预主义经济圈实施新的贸易壁垒政策,以抵消这个经济圈内的企业由于从国家那里获得支持和补贴而具有的竞争力优势。在此情况下,人民币有没有可能维持对美元的稳定汇率呢? 答案是有可能,但这只有在严格的外汇管制的基础上才能达到,而这也意味着中国外汇管理制度改革有可能陷入停滞甚至倒退。如果中国坚持让人民币走向国际化,实现可自由兑换,同时又要维持对美元汇率的稳定,两者必然会构成矛盾。中国很可能会放弃维持人民币对美元汇率的稳定,如果这样,可以想象,人民币兑美元将会有多么剧烈的震荡。这种汇率不稳定的状况如果得以持续,就可能给中国乃至世界的金融市场稳定带来重大威胁, 同时也将严重抑制中国与以美国为首的经济圈之间的贸易活动,这将使得中国更加倚重在国家干预主义经济圈内的贸易。

　　两大经济圈各有自己的经济循环模式。自由市场经济的经济循环模式已经为我们所熟知,而国家干预主义经济圈的经济循环模式则有着自身的独特特点。

　　首先,政治与经济贸易活动紧密结合是国家干预主义经济圈的第一大特征。在自由市场经济里,利润是经济贸易活动背后最主要的推动力;而在国家干预主义经济圈里, 利润只是经济贸易活动总体目标的一部分,在某些情况下甚至是比较次要的一部分。所有的经济活动和贸易活动都会注入浓厚的政治色彩,由政府主导和推动。与当地政府之间的良好关系目前已经是在第三世界国家做生意的一个关键要素,未来这一点会更为突出。所以,政府之间的关系、企业与政府之间的关系将是国家干预主义经济圈里经济贸易活动的出发点和前提。

其次,国家干预主义经济圈无疑有着巨大的潜力。比如中国拥有庞大的廉价产品的生产能力,而这个经济圈里的其他国家拥有非常丰富的自然资源,足以为中国的生产机器提供原料,第三世界国家众多的人口又将为中国的廉价商品提供巨大的市场。这种经济循环模式已经在中国与非洲之间的经济合作中得到了初步的体现。中国为诸多非洲国家提供了大量的援助,同时也在国际政治事务上为他们提供支持。作为联合国安理会常任理事国之一,中国能在这些非洲国家面临西方的政治干涉时,为他们提供关键的保护。这些国家则相应地向中国的产品和服务开放市场,以及允许中国企业在其国内勘探和开采能源矿产等重要资源。目前,这种经济模式的巨大威力尚未完全发挥出来,其前途不可限量,这种经济模式必将给整个国家干预主义经济圈的经济面貌带来重大的改变。

总的来说,未来世界的经济格局将出现一种新的"双雄格局",这种双雄格局与冷战时期的双雄格局相比,有相似的地方,但也有着非常明显的区别。在这种新双雄格局里,中美两国的竞争无疑将是焦点。

"黄金"岁月，
被软禁的天然货币

1.黄金的天然货币属性

　　"货币天然不是金银，金银天然是货币"。在选择货币材质的过程中，黄金携带方便、永不变质等特点不断地显现出来，使它逐渐成为一种被广泛认可的交换媒介。它作为一般等价物，由于其稀缺性和完美的自然属性，备受世人瞩目。

　　(1)黄金的天然货币属性表现在黄金是一种资产

　　由于具有物理特性良好、不易变质、开采不易、开采成本高等特点，所以在人类的社会发展史上,黄金不但被人类用作装饰,还被赋予了货币价值功能。它的稀有性使它不仅是充当人类物质财富多少的表征,也成为人类竞相追逐、积累财富的重要手段。到了20世纪70年代,随着金融市场的迅速发展,黄金从直接的货币作用中分离出来,这就是所谓的黄金非货币化。当今社会,黄金扮演的角色虽然有所改变,但它作为一种贵重金属,目前依然是世界主要的国际储备。

(2)黄金作为货币的历史十分悠久

黄金在人类社会初期局部盛产黄金的地区可能就已经产生了货币的职能,负担起简单的社会交换的支付功能。我国出土的现今最为古老的金币是春秋战国时期楚国铸造的"郢爰",距今已有2300多年的历史,而波斯金币和古罗马亚历山大金币也都有2000多年的历史,它们都是仅在一定范围和区域内流通使用的辅币。

黄金成为国际性流通的货币是在19世纪出现的"金本位"时期,在布雷顿森林会议通过了相关决议,建立起了以美元为中心的国际货币体系。后来相继发生了数次黄金抢购风潮,直至布雷顿森林货币体系瓦解,开始进行黄金非货币化改革,一直到1978年修改后的《国际货币基金协定》获得批准,可以说,在制度层面上,黄金的非货币化进程已经完成。但是正如在金本位制之前,黄金就发挥着货币职能一样,在制度层面上的黄金非货币化并不等于黄金已经完全失去了其货币职能。目前,国际间主要的结算货币除了美元、欧元、英镑、日元之外,黄金仍是当今世界的第五大国际结算货币,黄金的货币属性至今谁也无法取代。例如,在1998年东南亚及亚洲的金融危机时,韩国、泰国政府就用民间捐助的黄金来支付债务从而渡过了金融危机,黄金的货币功能依然起着重要的作用。现在,黄金可视为一种准货币。

(3)黄金也是一种商品

当前黄金商品用途主要是首饰业、电子工业、牙医、金章及其他工业用金。应该承认,由于昂贵的价格和相对稀少的资源,使得目前黄金的商品用途范围仍然十分狭小,不过,这也是黄金长期作为货币金属而受到国家严格控制的结果。今后,随着国际金融体制改革的推进,金融黄金商品属性的回归趋势加强,黄金商品需求的拓展对黄金业的发展将具有更为重要的意义。

2.魔力无边的黄金

早在人们把黄金当作货币使用之前,它就由于自身的耐久性、密度及金光闪闪的特点而很自然地成为财富的象征。黄金有着很高的延展性,你可以随心所欲地将它变成任何形状。一盎司的黄金很少,但它可以打成50英里长的金丝或100平方英尺面积的薄金片。跟地球上任何其他的元素不同,古往今来,已经挖出来的金子,现在仍然保存完好。

黄金的密度也相当高,如果把目前所有存世的黄金装入一个空间,只要一艘大型油轮就可以装下,它们的总重量大约为12.5万吨。同样重量的铁,只要美国钢铁工业几个小时就可以生产出来,但它们只值550万美元,而现存的黄金价值1万亿美元左右。

根据古希腊史学家希罗多德的记载,吕底亚人"是我们所知当中第一个铸造、使用金币和银币的民族,他们可以说是最早的零售商"。吕底亚是公元前700年位于小亚细亚西部的一个富庶的古王国,距离希腊爱琴海大约200英里远。吕底亚处于各文明地区的东西交通要道上,繁荣的贸易和商业活动对简易兑换流通的金币产生了自然要求,而且吕底亚位

第七章
"黄金"岁月,被软禁的天然货币

于盛产冲积沙金的佩克托勒斯河岸,黄金供应基本面良好。

吕底亚的末代皇帝克罗伊斯制定的新币史塔特对后世影响久远。史塔特由24克拉纯金构成,还可以细分成1/3、1/6和1/12等更小的单位,因此促成了金衡盎司的发展。而且,克罗伊斯采用了金银复本位制度,银币用于交易数额较小的场合,成为以后的货币历史主流。另外,吕底亚人发明了"试金石",它是种黑石头,金匠把金器在黑石上划出条痕,然后把条痕与一组24支由含有不同金、银、铜等组合的试金针划痕加以比较,若是符合第24支试金针所划出的条痕,就表示这个金器是纯金的。

黄金作为货币的转变促成了黄金的大众化,因为,它的使用和拥有不再是君王的特权。到了罗马帝国,虽然国力强大,疆土广袤,每年黄金产量至少5吨以上,但奢侈的罗马人仍面临着黄金严重短缺的情况,他们不得不在今后许多国家都会遭遇的三种解决方案中作出选择:忍受货币供应不足,承受萧条通缩的痛苦;从其他地区输入黄金,不管是掠夺还是交易;用同量的金属铸成更多的钱币,也就是货币贬值。

罗马帝国的暴君尼禄是第一个采取货币贬值政策的皇帝。尽管尼禄可以把自己的母亲和妻子杀害,但在做贬值这件事上还是小心翼翼。只是到了公元260年加列努斯皇帝登基,物价每年上涨9%以上,而在之前的350年间,罗马帝国的物价平均上涨才0.4%。在这种情况下,货币当然会大大贬值,当时小面额的罗马银、铜货基本没什么价值,金币则是在勉强维持。

直至公元306年著名的君士坦丁大帝即位后,开始发行拜占庭金币,重达4.55克,纯度98%,以一盎司300美元计算,相当于今天的42.66美元,但购买力要比现在大得多。拜占庭金币以不变的重量和纯度持续发行了700年,是历史上发行期最长的金币。

拜占庭金币在当时被人们形容为"从地球的一端到另一端,无论哪里都可以流通。它受到所有人、所有国王的崇敬,因为没有一个王国的货币可以比得上它"。在今天看来,它可谓"中世纪美元"。货币史家罗培兹甚至认为:"拜占庭金币的稳定性与价值更胜美元。它不只是一块黄金而已,它也是一个象征、一个信仰,是神圣的皇帝派去民间的信差,是上帝的选民派去其他国家的大使。"

1453年,奥斯曼人攻陷君士坦丁堡,拜占庭金币随之消失,它留下了一个疑问:"为了维持一个稳定而又值钱的货币不惜牺牲一切,这样值得吗?"或者说,金融的稳定固然能得到许多人的称许,但它从来都不是一条必然会通向经济繁荣的道路。

中国、日本、印度等东方国家从没有把黄金作为钱币使用,最珍贵的钱币材料是银。东方人把金看成商品——也就是一种具有真实使用价值的物品,而不是一种支付工具。伯恩斯坦认为:"黄金可以用来装饰、玩赏、美化,还有最重要的是,储存财富。的确,东方人一有钱就想要买黄金储藏起来,不像我们现代人一有钱就想要购买梦寐以求的金表炫耀一番。"

其实,东方人储藏的本性决定了不仅是黄金,只要是财富,包括今天的纸币都要存在银行里。在西方人眼里,亚洲人是"吸金海绵",黄金到那儿就流不出来了。在17世纪航海大发现后,西班牙人、葡萄牙人把美洲大量的金银财富运往欧洲,但很快就流向了亚洲。1600年到1730年之间,欧洲的金银流向近东的数量超过美洲大陆输往欧洲的数量。即便是今日,印度仍然是世界上最大的黄金买主,他们花在黄金上的花费比花在汽车、两轮交通工具、冰箱、电视机上的总和还要多。

其实,今天的亚洲仍在上演"吸金大法"。像日本、中国大陆、中国台湾等亚洲国家和地区的外汇存底名列世界前茅,就是很好的证明。

值得一提的是,古中国等地虽然没有将黄金作为货币,黄金却是权力和尊贵的象征,它可能到今天还在影响着东方世界对待黄金和黄金投资的态度。

第七章
"黄金"岁月，被软禁的天然货币

黄金在中国没有世俗化的另一个重要原因是，早在唐宪宗(公元806年到821年)时就用纸币的"飞钱"来代替铜钱，这个伟大的发明让中国等东方国家受益匪浅。到了元代，马可波罗将这个伟大的发明写入了游记中，但当时的欧洲人根本不信。

古代中国从来没有把黄金视为货币，直到两次世界大战，欧洲人一直想把黄金整合到货币体系里，纵然当地的黄金供给十分稀缺。

1400年，欧洲本地的黄金产量不超过4吨，在钱币需求方面，这些黄金仅可铸造出100万达卡特金币。与此同时，仅威尼斯一年就输出了一吨重的达卡特金币。金银的短缺使得许多地区又回到了以物易物的方式，特别是本地交易。比如，胡椒粉比同重量的黄金还值钱，这种很受欢迎的日用品便充作货币来使用，德国贵族甚至以"胡椒人"来称呼银行家。于是，15世纪成为历史上少有的一个时期：黄金的花用远多于储存，从15世纪初到15世纪末，一盎司黄金可以买到的商品增加了一倍。

黄金的短缺也成了15世纪地理大发现的直接诱因。哥伦布给西班牙国王斐迪南与伊莎贝拉的信写得明明白白："你也会得到更多西班牙名下的主权、财富以及市民。毫无疑问，那些土地有很多黄金。"所以，亚当·斯密谴责新大陆的探险家动机是"神圣化的黄金渴望"。

例如，西班牙探险者皮萨罗毁灭了秘鲁的印加王国后，获得了相当于今天的2.7亿美元的黄金，将近5吨金，比当时欧洲一年的黄金生产量还多。这还不包括印加皇帝的金御座，它重达190磅，相当于秘鲁金矿一年的产量。

16世纪期间，渡过大西洋的金银数量，比起15世纪末叶全欧洲所拥有的金银数量还要多。新大陆黄金的最大输入国当然是西班牙，按理来说，它应成为欧洲最富有的国家。但事实恰恰相反，西班牙只是变得更懂得挥霍，而不是变得更为积极地生产。那时的西班牙就像个暴发户，以为好运还会来，但好运的确只有这一次。结果，西班牙仅仅变成了金银大转移的一座桥梁。当时就有西班牙人明智地评论道："这么多的金银永远是国家与城市的致命毒药。"1569年、1607年、1627年和1647年,西班牙相继出现了4次财政危机,国家面临破产。

17世纪,西班牙人在新大陆的黄金发现使得世界贵金属的产量一年增加了7吨以上,大约是以前的两倍之多。到了1700年,世界贵金属的总量是1492年的5倍。之后,葡萄牙人在巴西发现了金矿,到了18世纪,黄金产量又再增长一倍。

到了1859年,随着美国加州、澳洲、俄罗斯、西伯利亚源源不断地开采,世界黄金产量一年便高达275吨,是18世纪平均年产量的10倍以上。这意味着, 当时10年的黄金产量就比得上从哥伦布到1848年这356年间的黄金产量。

在19世纪末与20世纪初,美国克朗代克河、科罗拉多和南非陆续又有金矿开采出来。1908年,世界黄金的产量是1848年的100倍以上,是1888年的4.5倍。到了1908年,各种形态的(货币的、储备的、装饰的)黄金总量可以熔成每边10米的大金块,而1500年才每边2米(它可是此前3000年文明的积累)。

19世纪的淘金热中,首发上场的是俄罗斯金矿,乌拉山的金矿1823年的年产量还不到2吨,到1830年则增长到5吨以上。其后,西伯利亚也发现了大量黄金,1842年的年产量达到了11吨,到了1847年,俄罗斯的黄金产量占了全世界的60%以上。1914年,俄罗斯的黄金年产量达60吨。

俄罗斯黄金之所以没有名气,可能是它的发现靠非常有组织地使用奴工,而在美国加州等地就是另一幅景象了。1848年加州发现黄金,到了1853年,已有10万人涌进加州,其中包括2.5万名法国人和2万名华人,年产量不久就达到了95吨。

澳洲原是英国流放罪犯之地,由于在1851年发现了黄金,竟有1/4的英国人抢着买船票赴澳洲,后者从此变成了"黄金海岸"。

南非在1886年发现黄金,但当地的金矿比较特别。第一,南非的黄金多半深埋在地底一英里,平均只有一英尺厚的矿脉中;第二也是最重要的是,南非的矿石质量很低,一吨的矿石只含不到一盎司的纯金,而且将纯金与矿石分离的工作非常困难。也正是第二点导致南非金矿公司股票一度崩盘,有些甚至跌了95%。

最后,由于氰化法的采用,使得南非黄金年产量从1886年的不到1吨增长到1889年的14吨。又过了10年,年产量已达120吨。

3.世纪的金匠"银行家"

在1000多年前,西欧仍然处于黑暗的中世纪时期。但也是在这一时期,那些交换、创造和操纵货币数量的放贷者却已活跃在英格兰。他们在那个时期逐渐联合起来,将英格兰的经济操控于手中。但这些人不是贵族,不是教徒,也不是银行家,而是一般的铸造金币的匠人。当然,也可以说他们是银行家,是西欧出现的第一批银行家,因为他们已经开始替别人保管金子,将这些金子放在安全的房间里或房顶上。

事实上,西欧的第一批纸币仅仅是金匠们开出的收据。为了方便,避免到金匠那里进行一次不必要的旅行,那些存放者可以将这些金币储存收据通过签名转让给他人。经过一段时间后,为了简化程序,收据填交给持有者,而不是金币存放者,这使得这些收据开始能够不经过签名进行流通,这也逐渐打断了与金子的联系。

不久,金匠们发现只有一小部分的存款者来取钱,这样,就有很多金子没有被取走,于是,金匠们开始耍起了花样——他们开始秘密地出借一些委托管理的金子,以此来收取利息。然后,金匠们发现他们可以印制比金子更多的纸币,然后贷出多余的纸币并且收取利息。这也是部分储备出借的诞生,也就是出借比存款还要多的钱。很明显,这是一个骗局,一旦大家能够明白,这就是违法行为。

刚开始时,金匠们还能相对温和地从事这种欺骗活动,贷款只是金子储存量的2~3倍。但后来,他们变得越来越贪婪和自信,经常贷出金子储存量的4倍、5倍甚至10倍。

比如,如果有价值1000美元的金子储存在他们那边,他们就能够贷出1万美元的纸币,收取大量的利息,没有人发现这种骗局。通过这种方法,金匠们逐渐积累起越来越多的财富,同时也聚集了越来越多的金子。

这是信托的滥用,是一种欺诈行为,却被作为一种标准而为现代储蓄银行所采纳。

今天,这种贷出比储蓄更多货币的制度被称为部分银行储备金制度。换句话说,银行只需保留部分储蓄存款以应对提款等义务。如果存款者同时来取款,银行只能支付他们3%的需求,这就是银行怕挤兑的原因。同时,这也是银行、证券市场和国家经济内在不稳定的根本原因。

与发行比金子更多的金子收据相比,现代银行只是更简单地发放比他们拥有的现金更多的债务,通过簿记就能够创造贷款。

举一个现代的例子:美联储在市场上购买1万美元的债券导致出售债券的银行账上多了1万美元的存款。在10%的存款准备金制度下,银行只需留下1000美元的储蓄,剩下的9000美元可以全部贷出。通常,借款人会将这9000美元储存在同一家银行或其他银行里,那么,银行就会保留10%即900美元的储蓄,然后贷出8100美元,这个过程可以这么一直进行下去。

美联储创造的1万美元被放在这个系统里的多家银行后,最终产生了9万美元的贷款和1万美元的存款。换句话说，美联储的1万美元一共产生了10万美元。然而，不到1%的银行创造出了这些货币的75%，他们就是华尔街的一些银行。例如贷款，他们拿走了上千亿贷款，获得大量利息，只给其余的银行留下很少的贷款。但这些很少的贷款也能有数十亿，所以这些小银行不敢吭声，他们也支持这种腐败的体制。

在实际操作中，很多并不要求有10%的储备金，银行系统创造的货币量可能是美联储发行货币的10倍以上。而且，美国的现金和银行储备总计大约6000亿美元，却支撑着20万亿美元的债务，每个美国人包括大人、小孩，都要承担大约8万美元的债务，这些债务包括国债、信用卡债务、家庭抵押贷款等。

美联储所创造的债务大概占总量的3%，私人银行大约占了97%。这些货币如果是由美国政府创造出来的，那就没有这些付息的债务，在支付政府支出的同时，也降低了税收。

但这些是否意味着利息和银行业是不合法的呢？不是。在中世纪，天主教会的教规禁止收取债务利息。亚里士多德和托马斯·阿奎奈讲授过这个内容。在他们的授课中，货币只是一个社会成员之间交换物品的中介。他们认为，在使用货币中增加一个不需要和不公平的负担是有碍于这种目标实现的。换言之，利息与公平是相违背的。这反映在中世纪教会法中就是，所有欧洲国家禁止收取利息，除非那种用于生产性的贷款，并且将违法的人称为高利贷者。

当商业发展，投资机会在中世纪晚期逐渐增多，人们开始认识到，贷款对贷款人本身也有一个失去获益的成本。所以，他们开始允许收取一定的费用，比如从生产性的投资中获得部分利润，但这不是贷款内在的利息。

从道德上来说，不管是什么宗教信仰、职务高低，只要是发放高利贷、欺压穷人和不正义的行为都是绝对不道德的。因为部分准备金贷款植根于欺诈,它导致了贫穷的扩大,不仅压迫了穷人,也减少了其他手持货币的价值。如果忽视了这些,就会使得道德谴责的声音变得很弱。

不幸的是,一些宗教学派限制对这种欺骗、压迫和不公平对待他们人民的行为进行谴责。这种可叹的限制,是与公平和慈善相违背的,这也是银行业问题存在的一个原因,其他民族的人不可避免地被认为低人一等。

这种现象导致了这样一种世界观:根据和平意味着优等民族和优等种族的优越感——物质总的形式仅仅是隐藏了的民族主义,尽管它谴责防御的国家主义,但是民族主义主要的决定因素,最终分析来看,仅仅是心理上的而且是易变的,不是什么内在的优越感。

人们忘记了人类是一个庞大的人群,生来平等,没有高低之分。如果说有什么优等民族,那他们也应该通过道德方面的标准来衡量,而不是通过欺骗和狡猾来衡量。

回到金匠这边:他们在低息存款和高息贷款之间发现了额外的利润,当他们很容易借出这些钱时,在流通中的货币数量就会扩张。在货币充足的情况下,人们会拿出更多的贷款来扩张他们的商业。到那时,金匠们将会紧缩货币供给,使得大家很难获得贷款。这将会发生什么呢?正如现在的情况一样,一部分人不能偿还他们先前的贷款,因为他们得不到新的贷款来偿还过去的贷款,进而,他们会破产,从而不得不将资产卖给金匠。

同样的事情在今天仍然发生着,今天,我们将这种经济的上下起伏称为"经济周期",在证券市场上更为明显,即"不停地修正"。

4.金本位的黄金岁月

虽然英国在1821年最终决定采取金本位制度,但让其他国家也随之确立金本位,还是靠世界黄金产量的剧增。因为那些采用金银复本位或银本位的国家,可以大胆地抛弃银,而不愁无法兑现黄金。到了1876年,世界上的主要国家,除了中国和印度仍采用银本位制外,像法国、德国、美国等绝大多数国家都采用了金本位制。

尽管黄金自古以来就那样迷人,但直到19世纪中叶,银还是主要的金钱形式。只是后来,银的两个劣势开始越发凸显:一是银缺乏金的魅力,银比较容易生锈变色,从没有像金那般引起众人极度强烈的欲望;二是银的体积比金大得多,运输费用也要比金多得多。

金本位制度是以一定量黄金作为本位货币的制度,它有三个特点:金币可以自由铸造、自由兑换和自由输入输出。在国际金本位制度下,各国的货币储备是黄金,国际间的结算也使用黄金,黄金充分发挥了世界货币的职能。当然,在国际金本位时期,不仅在国内市场上,在国际市场上,大部分支付也不是通过贵金属进行的,还要借助于各种货币形式。当代诺贝尔奖获得者蒙代尔说的"货币不过是一定量黄金的名称",很好地概括了金本位制度的特征。

从美国内战结束到第一次世界大战爆发的这50年中,金本位制度如日中天,取得了类似宗教的地位。因为它把自古以来人类对这种闪耀金属的原始信赖,和在第一次世界大战之前那段时期黄金充分配合工业和金融发展需求的高度复杂动态,巧妙地结合了起来。

金 融 硝 烟
Financial smoke

金本位对当时第一金融帝国英国最为有利，像今天的美元一样，英镑是当时人们最先选择的货币。由于黄金储备是不产生收益的，英格兰银行以其最佳信誉降低黄金储备标准。1913年，该银行持有黄金有1.65亿美元，而法兰西银行是6.78亿美元，美国财政部则需要13亿美元。

在这个金本位最美好的时代，还是出现了几次大的金融危机。1890年，英国最有名望的霸权财团投机阿根廷失败，面临破产，急需400万英镑，而英格兰银行基金储备不到1100英镑。幸好，当时的俄国、法国央行和金融大财团罗特希尔德家族与英格兰银行通力合作，渡过了危机。以后，欧洲的几次危机也是靠各国相互支援渡过的。

但是，当时的美国就没那么幸福了。在欧洲人眼里，美国和阿根廷没什么区别，只是一个新兴市场罢了。所以，当1895年美国黄金储备跌到900万金币时，美国人只能自救，救星是美国的大金融家皮尔庞特·摩根。他闯入总统办公室，对着焦躁不安的克利夫兰总统等一班首脑说："今天将有一张1000万美元的汇票要求承兑，不到下午3点，一切就完了。"然后，摩根提出自己的银行和伦敦的罗特希尔德家族筹集350万盎司的黄金，作为交换条件，美国财政部发行价值6500万美元的30年期的黄金债券。最后，市场恢复了信心。

从19世纪70年代到第一次世界大战爆发，确实是金本位制运作得最美妙的日子，欧洲政治经济风调雨顺，国泰民安。当时很多人都认为金本位功莫大焉，正如100年后将新经济与华尔街的匹配无间归功于格林斯潘的妙手一般。可是从事后来看，国际金本位制的成功可能是结果，而不是原因。当时，英国的一位政治家迪斯雷利倒是看出了这一点，他说："把英国的商业优势与繁荣归功于我们英国采行金本位制，世界上再也没有比这更虚妄的了。英国的金本位制不是英国商业繁荣的原因，而是结果。"

第一次世界大战后，欧洲满目疮痍，人们以为只有金本位制才能让欧洲经济走上复苏之路。于是在1925年，英国恢复了一度停止的金本位制度。可是，美国的1929年大崩溃引发的全球经济萧条很快让英国在1931年结束了金本位。一年后，在47个采用金本位制的国家当中，只有美国、法国、瑞士、荷兰及比利时仍采用金本位制。6年后，没有一个国家允许人民将货币或存款兑换成黄金。罗斯福1933年上台后，为了缓和黄金大量外流的危机，宣布人民持有金币不再合法，必须全数上交银行，并用行政命令把金价钉牢在1盎司35美元上。这个价格维持了37年。

对金本位一向不以为然的凯恩斯在1930年极富远见地指出："黄金今后再也不会从一个人的手中转到另一个人的手中，人们那渴望触摸黄金的手已经被夺走了触摸它的机会。这很讨人喜爱的家庭守护神以前居住在钱包、长袜、罐盒里，如今在各个国家都被一个大金像给吞并了，它住在地下，人们看不到。黄金现在是看不见了——它又回到了地下。但是，当我们再也看不到那穿着金黄华服的神在尘世上行走时，我们便开始将它理性化，就在不久之前，我们对它什么感觉也没有了。"

在1929年开始的10年通缩环境下，每种货币都对黄金贬值了，就像黄金从每盎司20.67美元升至35美元一样。另外，所有国家的商品与劳务价格都大幅下降，30年代中期，每盎司黄金可以买到的商品与劳务是1929年的两倍。

与此同时，黄金产量却在大增。1932年，世界黄金产量达200万吨，这个数量几乎是自古到19世纪中叶全部累积的货币性黄金的一半。1938年，世界黄金又比1932年高出了50%。各国中央银行的黄金储备在1929年有4000万吨，10年后激增至6000万吨，总值从100亿美元升至250亿美元。1939年，世界上的货币储备所保存的黄金已经多到即使所有的货币全都用金币流通也不成问题。这在历史上极为罕见。主要原因是战争的威胁，世界各地的黄金都运到了纽约。从1934年到1939年，输入美国的黄金总量高达96亿美元，其中20%来自法国。到第二次世界大战爆发，全世界约有200亿美元的黄金或60%的货币性黄金放在美国，而在1913年是23%，

1929年是38%。这些储备黄金总量达1.5万吨以上,相当于那个时期全世界12年的黄金产量。

这个时期,美国的金库也像当年的亚洲,是"黄金的墓地",并没有往外流出黄金,战争风云几乎使得所有的投资都停止了。而且,美国准备以35美元每盎司黄金的固定价格无限量收购,也是世界上独一无二的国家。伯恩斯坦抒情地概括道:"美元与黄金的关系就像天空一颗不动的星,其他所有的星星都不由自主地被它吸引。"

黄金确实很实在,金光闪闪,沉甸甸的,让人感到生活的美好和真实。但是,千百年来的历史一次次证明,当我们把黄金视为稳固大船的铁锚且不加防范时,终有一天,滔天巨浪会掀翻大船。

1944年,布雷顿森林体系建立,国际经济体系的核心从黄金变为美元,当时的美元有世界黄金储备的75%支持。美国持有黄金200亿美元以上,债务却不到100亿美元,可谓盛极一时。但好景不长,美国经济超强的地位到1960年已受侵蚀,当年的外国人持有的美元流动资产从1950年的80亿美元增加到200亿美元,也就是说,如果全数兑换成黄金,美国的黄金存底便会立刻见底。

在这种情况下,敏感的黄金投机客开始挑战1盎司35美元的官价,而美、英、法、德、意等国家在1961年成立黄金总汇,联合平抑黄金价格。

富有戏剧性的是,一直对美国很有看法的法国总统戴高乐突然倒戈,在1965年呼吁大家恢复金本位制,因为美元失去了十多年前汇集巨大黄金的基础,美国的黄金储备占世界总量的比例已从1949年的75%下降到了50%以下(到60年代结束已是30%以下)。1967年,法国退出了黄金总汇。

戴高乐站在投机客的一边不无私心。法国是美国以外全世界拥有黄金最多的国家,如果按它宣称的将每盎司黄金提到70美元的水准,法国将大赚一笔。

不过,戴高乐想终结美元的特殊地位是很多国家所乐见的。"美元本位制"使得只有美国人可以用大量印刷的美钞作为国外支出的资金,而别的国家都必须在国际收支有了盈余才能"赚取"黄金或外币。结果是,美国无限制地用美元弥补国际收支赤字,美元泛滥成灾,将国内的通货膨胀输出,加剧了世界性的通货膨胀。而美国黄金大量流失时,美元作为国际储备物质基础大大削弱。最后,它和黄金的固定联系被切断,纸币流通规律发生作用,美元相对黄金贬值,1盎司黄金35美元的官价已不堪一击。

1967年11月18日,英镑在战后第二次贬值;1968年3月17日,"黄金总汇"解体;1969年8月8日,法郎贬值11.11%。

1971年8月15日,美国总统尼克松发表电视讲话,关闭黄金窗口,停止各国政府或中央银行持有美元前来兑换黄金,美元挣脱黄金的牢狱,自由浮动于外汇市场。在当时,这一招还迫使西德和日本两国实现货币升值,改善了美国国际收支状况。接下来就是黄金价格像一匹野马那般狂飙突进了。

1972年,伦敦市场的金价从1盎司46美元涨到64美元;1973年,金价冲破100美元;1974年到1977年,金价在130美元到180美元之间波动;1978年,石油输出国组织的原油再度飙涨,达一桶30美元,导致金价涨到244美元,这一年的7月3日,一位著名的女喜剧演员要求60万美元的酬金用南非金币支付,而不是用美元;1979年,金价涨到500美元,这一年3月12日发行的美国《商业周刊》封面上的自由女神像泪流满面,标题是《美国的衰落》,10月,美国通胀率冲破12%,黄金成为对抗通胀的有力武器;1980年1月的头两个交易日,金价达到634美元。

也就在这个时候,全世界各大央行行长和财经首脑的市场智商低能暴露无遗。在此之前,各大央行拼命抛售黄金储备,美国财政部总共拍卖了6%的黄金储备。而现在,面对如此强大的黄金牛市,他们开始高谈阔论要恢复黄金在货币体系中的传统角色。典型代表便是美国财长米勒,他宣布财政部不再出售黄金。

世界黄金价格1999年到达每盎司251.9美元的底部后,终于在2001年有了一波上扬的走势,尤其是2003年底突破每盎司414美元,让"金甲虫"(黄金多头投资者)雀跃不已。然而,黄金市场的未来走势仍让人捉摸不定,乐观者认为黄金价格的第一目标位在每盎司450美元,第二目标位在每盎司600美元。至于极端多头者,认为再创黄金历史新高,达到每盎司1000美元也不是没有可能。但也有相当多的人认为别高兴得太早,毕竟自从黄金价格在1980年到达每盎司850美元之后,便一路盘旋而下,中间屡有反弹,却还是进入长达20年的熊市。

尽管一个好的投资(投机)家在执行操作时要往前看而不是往后看,但投资(投机)最终成功的第一要素是经验。投资经验有两种:一种是直接的,用不断行动来累积,能让你最终成功的无非是要么有惊人的运气,要么至少有一次破产经历,然后凭借生存意志反败为胜;另一种投资经验的形成是间接地吸取历史教训,然后在投资时加以具体应用分析,这种在有风险控制前提下的投资积累的财富比较渐进,但不会一夜间输个精光。想必大多数人绝不会去选择前者。

5."黑色星期五":黄金市场的大恐慌

19世纪60年代,美国内战一爆发,美国政府和银行就立即脱离了金本位。政府发行了几百万不可赎回的绿钞来支付其各种开支。只要绿钞还在流通,美国国内就不会回到金本位上来,它们的价格还在随着黄金的价格波动。19世纪60年代的最后几年,大约135美元的绿钞可以兑换100美元的黄金。

然而,国际贸易是按照金本位制进行的,这意味着在海外做买卖的商人需要兑换黄金来支付关税,而且要在黄金市场进行套期交易来保证绿钞价格的波动不会影响他们的利润。华尔街最精明的杰·古尔德看到了其中的商机,1869年,他决定操控黄金市场。

操控只不过是在一定时期里完全控制一种商品的供应,不管这种商品是猪胸肉、铁路公司股份还是黄金。任何人想在这一操控时期买什么商品,都必须按照操控方制定的价格付账,或者也可以不这样做。当别人要求卖空的商人把货交出来时,他们别无选择,只有再买回来。丹尼尔·德鲁有一句很著名的话:"他把不属于自己的东西卖掉,要么买回来,要么进大狱。"

19世纪60年代,华尔街企图操控市场者大有人在,而且每年在不同的股票交易上都会有成功的例子。但是,想要操控19世纪货币体系心脏和灵魂的黄金市场,绝对是前无古人、后无来者的大胆行为。首先,联邦政府有几百万黄金,可以轻松地粉碎任何人想要操控黄金的企图。但是杰·古尔德自信对付得了老实又有些幼稚的格兰特总统。他设法说服总统任命内战英雄丹尼尔·巴特菲尔德少将为联邦国库纽约分库的主管,这样,任何卖出黄金的指令都必须由他亲自下达。

后来,当有人问杰·古尔德是否已经在政府里安装了窃听电话专门打探其动向时,他的合伙人詹姆斯·菲斯科回答:"安窃听电话?胡说八道!只需要窃听巴特菲尔德的电话就可以得到我们想要的消息。"与此同时,古尔德借口美国农民需要出口他们的谷物卖个好价钱,说服了格兰特总统在1869年整个夏天没有批准任何一桩黄金买卖。在做格兰特工作的同时,他开始与伙伴们在华尔街囤积贵金属。

金 融 硝 烟
Financial smoke

那时,市场上真正的黄金供应量(一段时间内随时可以拿到市场上流通的数量)少得可怜,不超过2000万美元。华尔街的黄金交易室当时一天的交易量是7000万美元,其中的大部分属于所谓的"影子黄金",即只需要很少的保证金就可以购买的黄金。正如一位华尔街人士有点儿夸张的说法:"只要有1000美元,一个人就可以买价值500万美元的黄金合同。"当时,古尔德已经集聚越来越多的卖空力量,所以他有充裕的资金可以多次将市面上的黄金流动库存全部买下。

1869年9月24日,操控活动达到高潮,从此出现了"黑色星期五"的说法。这一天或许是华尔街历史上最激动人心的一天,交易商疯了似的拼命保住自己的利益,整个黄金交易室一片混乱。全美各地的商业活动差不多都暂停了,人们聚集在经纪人的办公室和银行里通过新近发明的证券报价机关注着纽约黄金的价格一点点儿上涨。

在百老汇街上,情况也好不到哪里去。一个亲眼目睹了当时景象的人讲述道:"百老汇大街上挤满了几千人……一个小时的时间他们已经变得衣冠不整,有的衣服上没有了领子,有的帽子不知道哪里去了,他们疯狂地冲到大润街上,仿佛精神病院失去了控制。人们大喊着、尖叫着,搓着双手无能为力,而黄金价格在稳步上升。"

格兰特总统最终意识到了事态的严重性,财政部下令在上午11点42分卖出400万黄金,巴特菲尔德几分钟后就收到了这个指令。然而,黄金市场早已受到重挫。那天晚上11点40分,黄金价格(绿钞)已经涨到了160美元,到中午时分,黄金价格降到了140美元并继续下跳。《纽约先驱报》在第二天写道:"这一天剩下的时间中,黄金交易室以及其他所有的渠道在高潮过去后就像刚刚经过一场火灾或劫难,突如其来的平静笼罩着整个华尔街。"

古尔德到底是赚是赔,人们永远不会知道,因为这场黄金恐慌引发的金融骚乱可能永远都无法理清,只是在一定程度上被掩盖起来了。就

第七章
"黄金"岁月,被软禁的天然货币

像在黄金交易室里签订的黄金合同,尽管指明要用黄金交割,但在法律上并没有强制力,所以即使拒绝用黄金支付也不见得要承担法律后果,很多交易商就是这样做的。操控黄金带来的是买方的大恐慌,但因为他们拼命做空商品,所以不会影响到整个经济的长期发展。在经济出现大衰退的初期,常常出现卖方恐慌,因为人们不顾及价格争相抛售股票和债券,并且取出所有的银行存款——他们觉得银行不可靠。投资者和存款人都需要流动资金,货币本质上当然就是流动资本,所以恐慌会突然引发市场对货币需求的上涨。由于美国国内还没有中央银行可以处理货币供应并在紧缺时期提供流动资金以保护银行体系,所以卖家的恐慌加剧了商业活动的恶性循环。当大量的储户突然要求兑现时,几百家原先经营状况良好的银行就会因无力偿付而倒闭关门,经常是银行带着普通家庭一辈子的积蓄和企业的流动资金逃之夭夭。

内战结束后的几年,经济大扩张,那是美国繁荣的典范时期。在短短8年的时间里,铁路津贴翻了一番,小麦产量也增长了一倍。但是1873年9月,因发明债券推动在内战时期融资而一举成名的费城最著名的银行家杰伊·库克却出人意料地宣布他已经破产了。华尔街顿时一片恐慌,许多银行和经纪行来不及将他们的资产变现,纷纷倒闭。证券市场一片混乱,纽约证券交易所被迫停业10天。接下来的6年中,美国一直处在大萧条的阴霾里。

这次经济衰退开始深入美国经济的方方面面,因为这时依赖工资以及全国市场的国内劳动者的数量比以前要多得多。那些靠在当地卖一些自家剩余粮食的自给农民在金融大萧条中的日子还好过一点儿,而那些从银行借钱种庄稼再转卖给大的谷物公司的产业工人及农民,日子就很艰难了。

6.恢复金本位：党派与利益之争

19世纪70年代的美国，"失业"一词被用来指所有没有职业的人，从5岁的小孩、家庭主妇到靠投资回报为生的人。但是1878年，70年代的经济萧条进入尾声，马萨诸塞州的一份调查报告重新定义了失业群体，专指年满18岁 "没有工作以及正在找工作的人"。到了19世纪90年代中期，失业人口已达数百万，美国各城市中大片贫民窟的街道上到处可见饥饿的人群，他们只有在私人的慈善机构那里才能吃一顿饱饭。

引发新一轮经济不景气的直接原因，是因为缺乏一个在需要的时候可以踩刹车的中央银行，经济膨胀得不到抑制。但根本的原因是，美国试图同时实现两个目标相互冲突的货币政策。

1869年，也就是爆发黄金恐慌的第二年，众议院就此事举行了由众议员詹姆斯·加菲尔德主持的听证会。这位俄亥俄的国会议员通过这场听证会第一次名扬全国。加菲尔德在一份报告中提到："只要我们的法律还执行两套价值标准，而且人为干预色彩浓厚，金价投机活动的诱惑将难以抗拒。"换句话说，加菲尔德想要恢复金本位制，取消绿钞的流通。做国际贸易的商人们，其中很多人在"黑色星期五"遭遇了灭顶之灾，也希望恢复金本位制。华尔街日趋强大的银行及那些从事重工业生产的人也都表示赞成。当然，这些人当时是共和党的主导势力。然而，还有更多反对回到金本位制的人。

货币体系采用金本位制有一大优势：通货膨胀发生的概率几乎为零。如果一个国家纸币发行的增长速度超出市场可承受的范围，人们就会把纸币换成黄金。而且,其他国家的中央银行将不再赊卖这种货币,而是换成它们想要赊卖的黄金,所以,黄金将外流。

但是,负债方总是欢迎通货膨胀,因为这样一来就可以用"更便宜"的钱来还债。比如,对于满目疮痍的南方地区,大部分银行资产和其他可流动财产在战争中已经耗尽,要建立一个金本位为基础的货币体系意味着经济不景气将会继续,然而,"低息贷款"将有助于南方经济的复苏。事实上,19世纪晚期的显著特点就是低速、连续不断的通货紧缩。

在通货紧缩的影响下,金本位在美国金融、外贸及工业的中心东北部很是流行,但在南方和边疆的小农场主那里却得不到支持。那边的大部分人把金本位制看作华尔街让他们破产的一个"阴谋"。1876年,"绿钞"党将纽约年迈的彼得·库珀提名为总统候选人。荒谬的是,库珀是国内最富有的人之一——或许他是第一位"富裕的自由主义者"。1878年,"绿钞"党在国会选举中赢得了106万张选票,足以选出14位国会议员。

尽管政府在内战结束的时候已经不再印制绿钞,但还是利用西部开采量急剧增加的银矿石制造银元,国内因此出现了复本位制。由于国会投票表决在1879年恢复金本位制,所以,1873年,政府停止制造银元。那些金本位制的反对者马上将这一决定称为"罪恶的1873年"。正反双方都不断向国会施压,国会采取了民主制度下立法机构面对复杂棘手的经济问题时的常见做法:试图双管齐下。

美国1879年1月1日如期恢复了金本位制,而且政府要求财政部准备1亿美元的黄金储备以满足对贵金属的各种需求。一年前,国会投票表决保留仍在流通领域的价值大约346,681,000美元的绿钞,但要用黄金兑现,银币也是如此。另外,国会通过了《布兰德—阿利森法案》,法案要求财政部每个月应在公开市场上购买价值200万~400万美元的白银,然后按照16:1的银金比率制成铸币。换句话说,国会颁布法令宣布每16盎司的白银相当于1盎司的黄金。当然,这种新的银币制度明显提高了国家的货币供应,是抑制通货膨胀的一剂良药。

起先,16:1的比率相当接近金银的实际价格比值。但由于爱达荷州的科达伦以及1859年首次发现的内华达州蕴藏量丰富的康斯托克矿脉等西部地区的大银矿纷纷投入开采,市场上的白银价格开始跳水。1890年,白银和黄金的兑换比率约为20:1。同年,国会通过《谢尔曼购银法》,要求财政部每月购买450万盎司的白银并制成银币,这个数量几乎是当时美国一年白银的总产量。

金本位制稳定了美元的价值,而当白银政策极大地增加了货币供应时,政府既要保证通胀,又要防止通胀。当时的白银价格是黄金价格的1/16,可上市流通之后就降为黄金价格的1/20,于是,人们很自然地会花银币保存黄金,财政部手中的黄金则慢慢减少。

19世纪80年代,政府出现的高额预算盈余掩盖了这种分裂的货币政策导致的问题。但当以1893年经济大崩溃为标志的新一轮经济衰退开始时,一点一点流出财政部的黄金顿呈汹涌之势。政府收入在1893—1894年间从3.86亿美元降至3.06亿美元,为此,国会急忙撤回《谢尔曼购银法》,但兑换黄金的人排山倒海地向财政部涌来,政府只得发行债券以购进更多的黄金补充储备,但黄金仍在继续大量外流。

不久以后,局势变得相当危急,财政部黄金储备低于1894年法定的1亿美元,而且那年1月还有5000万美元债券发行收益加入储备。到第二年1月,黄金储备减少到只有6800万美元,一周后又降到4500万美元。

政府的活动被严格限制起来,很快,它就眼睁睁地看着黄金不断地流向国外市场,价值数百万美元的金条被装上纽约港的船只,运往欧洲各大中央银行。华尔街人士都在打赌财政部的黄金储备到底会何时耗尽,美国何时会再次脱离金本位制。

摩根当时在国内是无可争议的银行业老大,他坐火车赶赴华盛顿力争挽回局面,避免人们猜测中的最糟糕的情况出现。克利夫兰总统尽管

第七章
"黄金"岁月，被软禁的天然货币

本身是一名健全货币和金本位的支持者，但他非常明白自己领导的这个党派有很大一部分人既想让国家离金本位远远的，又痛恨"华尔街"及其所有把戏。克利夫兰拒绝与摩根会面，但形势每小时都在恶化，克利夫兰次日早晨别无选择，只能听听摩根的意见。

总统仍希望摩根能说服国会授权发行新的债券，来补充日益萎缩的黄金储备，当然，这需要时间。一个下属告诉克利夫兰，国库纽约分库此时只有900万的黄金储备。摩根知道财政部随时都可能收到数张向其支取1200万美元的汇票，如果真出现这种情况，他警告说："到3点钟，一切就都完蛋了。"

"你有什么高见？"克利夫兰无可奈何地问他。摩根自有办法：他认为在国内市场发行更多的债券从长期来看毫无益处，因为黄金会反向流出财政部。但他和当日也在白宫的罗斯恰尔兹贴现公司的美国代表小奥古斯特·贝尔蒙特先生将从欧洲筹到1亿美元的黄金，帮助抑制财政部的黄金外流。另外，摩根的律师发现有一项仍旧有效力的内战时期的法案，它允许政府在国会没有采取进一步行动的时候，发行债券来购买硬币。

令人大感意外的是，摩根乐意担保黄金不会再流回欧洲，至少短期是如此。这无疑给美国身处危难中的金融业注入了一针强心剂。摩根显赫的声望及老练的外汇运作让他没有食言，1895年6月，财政部黄金储备达到了1.07亿美元。更重要的是，美国经济开始复苏，摩根保住了美国的金本位制。

不用说，金本位制的反对派肯定百般诋毁摩根和贝尔蒙特，1896年的民主党大会正是这群反对派的天下。内布拉斯加州的前国会议员、现在白银派的狂热拥护者、《奥马哈世界前锋报》的总编威廉·詹宁斯·布莱恩，在与会代表面前发表了美国历史上最有名的一篇演说，文中表达了代表们的愿望。

布莱恩一开始就向代表们保证"美国最卑微的公民在披上正义的盔

甲之后,将比一切谬误的势力都要强大"。布莱恩的事业就是废除金本位制,他用铿锵有力的语调力陈金本位是如何损害农民和工人的利益的,用托马斯·卡莱尔的话说,它只是为"持有闲散资金的闲散人"的利益服务的。

布莱恩告诉与会代表们,这就是最大的问题。"事关民主党站在哪一边战斗——是支持'持有闲散资金的闲散人'一方,还是支持'抗争的大众'一方?"

芝加哥大会堂的各个角落回荡着布莱恩激昂的声音,当他结束演说时,已经牢牢抓住了在场听众的心。"我们的背后有全国乃至全世界的劳苦大众,有商界、工人以及各地的劳善大众的支持。面对他们对金本位制的要求,我们要说的是,你们不应该把这顶带刺的皇冠压在劳动者的头顶,你们不应该用黄金十字架来折磨人类。"

与会者群情激昂,在场的小说家威拉·凯瑟称为"永世难忘的演讲"。喧闹持续了半个小时,最后,年仅36岁的布莱恩被提名为总统候选人。直到今天,他仍旧是大党派中被提名的最年轻的候选人。

共和党候选人威廉·麦金利在俄亥俄州坎顿的家中露台上,面对众多乘火车前来的民众发表了演讲。另外,布莱恩不知疲倦地在各地奔波,拉开了美国历史上第一次竞选活动的帷幕。两大党派的对立已经达到白热化,而且比民主党更激进的人民党人不推举自己的候选人,转而支持布莱恩。

"我们已经提交诉求,"布莱恩在他的演说中说,"但是遭到了他们的耻笑;我们也会恳求,但被置之不理;我们也会央求,但是当我们遭遇灾难时,他们只会嘲笑。我们不再央求,不再恳求,不再请愿,我们蔑视他们!"

同时,共和党的一份报纸发表社论说:"激进党人完全控制了芝加哥(布莱恩被提名的地方)。美国之前的大型政治运动中从未出现过这样阴

第七章
"黄金"岁月,被软禁的天然货币

险、可憎的奸诈之人。"

候选人通常将骂人的工作交给自己的支持者,但布莱恩的经济理念使很多普通民众以及更多心怀抱负的美国人大感恐慌。东部和中西部很多民主党人认为布莱恩在蛊惑人心,所以对其敬而远之,开始支持麦金利。然而,竞选运动之初,布莱恩的竞选纲领看上去稳操胜券。那年春天,创刊不久的《华尔街日报》的编辑查尔斯·道提出了道琼斯工业指数,对股票市场进行了综合评估。道琼斯指数一个夏天的时间下跌了1/3。

在夏天几个月的时间里,经济复苏步伐加快,极大地帮助了打着"健全的货币,保护与繁荣"这一竞选口号的党派。作为对国家政治和金融领域的一个大致反应的晴雨表,道琼斯指数进入秋天后开始回升。

11月,麦金利赢得52%的支持率,获得了经济最发达地区——东北部和中西部、平原北部各州、加利福尼亚州和俄勒冈州民众的支持。布莱恩则赢得了南方和其他西部各州的选票。

虽然竞选失利,但布莱恩很清楚美国政治的未来走向。"民主党人把同情给予了抗争的大众,"他在一次演讲中对代表们说,"他们是民主党的基石。人们对政府有两种看法:一些人认为,如果你们立法只为富人谋福利,那他们的好日子就从富人的底下漏走了。然而,民主党人却认为,如果你们立法只为大众谋福利,那他们的好日子将超过依靠他们的所有阶层。"

各种选择一目了然,但美利坚事实上兼而选之。美国政治是折中主义,而非极端派,而且,这个国家喜欢抛开分歧,或者可能的话,两条路一起走。在接下来的100年间,两大党派轮流执政,"下滴"效应和"上滴"效应理论都被应用到了美国的经济决策当中。和民主制度下的政治是一个道理,即使哲学上一片混乱,结果也几乎是完全积极的。

第八章

新形式的石油金融战

1.第二次世界大战中的石油战

　　石油,也称原油,由不同的碳氢化合物混合组成,其主要成分是烷烃。此外,石油中还含硫、氧、氮、磷、钒等元素。石油主要被用作燃油和汽油,燃油和汽油是目前世界上最重要的一次性能源之一。石油也是许多化学工业产品如溶液、化肥、杀虫剂和塑料等的原料。

　　石油对于现代社会的重要性不言而喻。自从第二次工业革命以来,石油就成为最重要的动力能源和化工原料,自然也就成为最重要的战略资源。有人称石油为工业的血液,也有人称石油为黑色金子,所有这些美誉,石油都当之无愧。到了第二次世界大战前,石油的重要性更是因为现代军备的发展而进一步得到提高。首先是在陆军中,内燃机动力逐渐取代了畜力(主要是马匹),成为现代陆军机动能力的基础,特别是坦克这种新式武器的出现和广泛运用,使得石油对于现代化陆军的运作变得至关重要;在海军方面,由于蒸汽轮机和燃油锅炉分别取代了往复式蒸汽机和燃煤锅炉,使得石油成为战舰必不可少的动力;最后,飞机在军事上的重要性迅速提高,更使得石油资源对于现代化军事力量的运作不可或缺。总而言之,石油不仅是工业的血液,也是现代化军事力量的血液,所以也成为最重要的战争资源。

纳粹德国得益于普鲁士和后来的德意志帝国长期的军国主义传统,其战争机器精良而强大。第二次世界大战前夕,德国全力进行军事准备,却遇到了一个难以克服的致命难题:德国无法获得足够的石油资源来维持其战争机器的运作。德国虽然盛产煤炭,石油资源却少得可怜,后来就出现了讽刺性的一幕:德国虽然开创了以"闪击战"为代表的现代机械化陆地战争的历史,但德国军队的机械化程度却一直远远落后于其主要对手。德国不得不大量使用马匹等传统畜力来弥补机动能力上的不足(英美军队在战争之初就基本完全淘汰了畜力,而苏联也在战争后期实现了高度的机械化)。畜力的使用虽然帮助德国节约了宝贵的石油资源,但其高昂的成本和低下的效能还是大大拖累了德军(德军不得不投入大量的人力和物力来饲养这些马匹;群居的马匹在战地环境下极容易发生疫病流行;马匹的驮载能力亦十分有限)。希特勒发动对苏战争的一个重要考虑,就是要保障作为纳粹德国唯一石油供应源的罗马尼亚普罗耶什蒂油田的安全(此油田邻近前苏联,极易遭到苏联空军的轰炸);后来豪赌斯大林格勒战役的主要目标之一,也是掩护其南线的A集团军群部队夺取高加索油田,以获得石油供应。希特勒非常清楚,如果德国不能获得足够的石油供应,德国的军事机器不管如何精良,都将最终陷于瘫痪。在国内,德国也兴建了大量的合成燃料工厂,以非常高昂的代价用煤合成替代石油的液体燃料,但由此获得的那点可怜的油料补充对于巨大的战争消耗而言只是杯水车薪。由于斯大林格勒战役的失败,德国夺取高加索油田的希望化为泡影,而美英战略轰炸机对普罗耶什蒂油田及德国国内的燃料合成工厂频密有效的轰炸,则直接使德国的油料供给陷于枯竭。德军战斗机因为缺乏燃料而无法起飞执行防空任务,更遑论对地支援,德国空军几乎瘫痪;装甲部队的机动能力也因此大受限制,不能有效进行作战。德军失去了素以为傲的"空中重锤"和"地面利斧"之后,就如同被剥夺了利爪尖牙的猛兽,作战能力急剧下降,最终在盟军和苏军的夹击下迅速走向覆灭。

在太平洋战场,纳粹德国的盟友日本则面临着更为困难的局面。日本的工业能力大大逊色于德国,资源甚至更加贫乏(这也是美英一开始就把德国当成主要敌人,而把日本当成次要敌人的重要原因)。太平洋战争爆发之前,美国为了遏制日本的扩张势头,对其进行了逐步升级的经济制裁。特别是1941年7月,美国连同荷兰对日本实施了石油禁运,这一制裁尤为致命。美国是当时世界上最大的石油生产国,而日本境内则几乎没有任何石油资源,其所需的石油98%都要从美国进口。仅仅是维持日本海军庞大舰队的正常运作,每天就需要400多吨石油。日本在此之前虽然未雨绸缪,全力囤积,但其石油储备在战争条件下也不敷一年之用。所以,受到美国的石油禁运制裁之后,日本就被逼到了墙角:要么屈服于美国所提出的难以接受的条件;要么放手一搏,跟实力强大的美国开战。日本军国主义分子虽然狂妄,但当时日本国内很少有人相信自己可以战胜美国,所以在此之前,日本一直以避免与美国开战为原则。日本主动挑起战争其实正是美国想要的,这样,美国就可以完全占据道义上的优势,动员其强大国力,借机彻底击败在太平洋地区对其构成挑

第八章
新形式的石油金融战

战的日本,从而独霸太平洋。美国开出苛刻的条件,其实就是想逼迫日本打第一枪。日本孤注一掷与美国开战之后,重创了美英在太平洋地区的军事力量,随即迅速进军东南亚,夺取了荷属东印度这一关键的石油产地。

但石油战争并没有结束。荷属东印度距离日本本土十分遥远,漫长而脆弱的海上运输线成了日本石油供应的"瓶颈"。美国虽然无力马上反攻荷属东印度,但海军潜艇却能有效地破坏日本的海上运输。与日军潜艇以战舰为主要打击目标的战略不同,在太平洋广阔水域活动的美军潜艇以日本的运输商船,特别是油轮为主要打击目标,取得了丰硕的战果。到了1944年,面临油料短缺的日本海军不得不严格限制航空兵的训练时间以节省油料用于作战,导致飞行员素质大幅下降,这是后来的马里亚纳海战中日本海军航空兵遭受毁灭性打击的重要原因;为就近获得油料补给,日本舰队也不得不从前线基地撤出,转往婆罗洲油田附近岛屿上的基地,限制了其作战行动。到了战争的最后阶段,日本的油料供给被彻底切断,以致"大和"号战舰被派去支援冲绳时,海军只能为它提供单程的油料。

第二次世界大战中,盟国对两大轴心国——德国和日本石油供给釜底抽薪式的剥夺,加速了法西斯集团的覆灭。美国也从这一石油战实践中汲取经验,在战后国际政治经济角力的纵横捭阖中,因国际形势的变化,其"石油战"手法和花样更是不断翻新,让人防不胜防,从超级大国苏联到中东产油国,无不"遭其毒手"。

2.中东战争:油桶上燃起的战火

第二次世界大战之后,世界石油工业的格局发生了重大变化。随着中东、南美以及苏联地区一系列大油田的发现和开采,美国在世界石油生产中的地位迅速衰落,由世界第一大石油生产国和输出国变成了最大的石油进口国,美国变得日益依赖从南美和中东进口石油。而中东地区地缘政治格局的变化,令美国坐卧难安。

1948年以色列建国后不久, 阿拉伯国家和以色列之间便爆发了第一次中东战争。在这场战争中,美国的立场是暧昧的和基本中立的,英国倾向于同情阿拉伯国家,而苏联则倾向于以色列。随着中东陆续发现大油田以及国际政治形势的变化,这些国家的立场几乎来了个180度的转变。特别是第二次中东战争以后,苏联大力援助和武装阿拉伯国家,美国国内同情以色列的舆论也开始占据主流。特别是苏联在中东这个"大油库"扩张影响力,引起了美国的高度警惕。美、苏双方对彼此的战略意图都十分明了,那就是控制中东的石油资源。阿、以矛盾被两大超级大国利用,阿、以双方分别成为苏联和美国的代理人, 中东战争也演变成为一场争夺石油控制权的代理人战争。苏联向叙利亚、埃及等国提供大量先进武器,包括米格战机、萨姆导弹、新式坦克和火炮等;苏联还向这些国家派出了大量军事顾问和技术人员,在作战指挥、人员培训、装备维护方面提供了广泛的帮助。通过军援,苏联大大加强了对这些阿拉伯国家的渗透和控制。由于阿拉伯国家复仇心切,频频挑起与以色列的冲突,双方在边境上摩擦不断。对于阿拉伯国家囤积军备的动作,以色列保持高度警惕。1967年6月5

第八章
新形式的石油金融战

日,以色列对阿拉伯国家进行了先发制人的打击。由于以色列掌握的情报详尽准确,获得的西方武器性能优良,其军队也训练有素,所以在短短6天之内,战争就以以色列的全面胜利而告终。阿拉伯国家遭遇惨重的军事损失,苦心经营多年的军事力量毁于一旦,还丧失了大片领土。美国事实上成为这场战争的大赢家,它借以色列之手惩戒了不驯服的中东国家(在此之前数年,曾经亲美的伊拉克也退出了美英主导的巴格达条约);苏联则是颜面扫地,阿拉伯国家开始对其提供的军事技术产生怀疑。

第三次中东战争(即"六日战争")以后,阿拉伯国家特别是埃及卧薪尝胆,意图雪耻。苏联在阿拉伯国家的要求下也无保留地提供了大批先进常规武器,除了最新的防空导弹之外,甚至向埃及提供了最先进的米格-25型截击机。美国则是向以色列提供了鹰式防空导弹、F-4型重型战斗机等大批先进武器。埃及和叙利亚等国经过长期准备之后,于1973年发动了第四次中东战争,突袭以色列。虽然在战争之初,阿拉伯联军方面取得了不俗的战果,但以色列还是在美国的帮助下逆转了局势。美国的现役战机由美国飞行员驾驶直接飞往以色列,转交给以色列方面,此外,美国还向以色列提供了大量武器弹药补充。在美国侦察卫星提供的情报帮助下,以色列发现了埃及两个集团军之间的间隙,成功实施了穿插,渡过苏伊士运河,兵锋直指开罗,埃及军队全线崩溃,被迫接受停战。此次战争羞辱性的失败,使埃及意识到凭借武力是无法雪耻的,更遑论收复失地。这次战争的结果也严重打击了苏联的威信,加深了埃及对苏联的不信任,萨达特总统最终决定与苏联决裂,不仅驱逐了苏联的军事顾问,还没收了其在埃及的所有军事物资。在美国的斡旋下,埃及还与以色列达成了和平协议:埃及承认以色列,以色列将西奈半岛归还给埃及。

第四次中东战争之后,美国在中东地区的形势变得极为有利。除埃及以外,约旦、沙特阿拉伯、科威特等中东主要国家都倒向了美国,成为美国在中东地区的盟友。虽然伊朗爆发的伊斯兰革命推翻了亲美的巴列维政权,但革命后的伊朗同样也把坚持无神论的苏联当成了潜在的敌人,苏联并没能够在中东扩大地盘。特别是苏军入侵阿富汗以后,苏联在中东伊斯兰世界的声望更是一落千丈。沙特阿拉伯等中东国家积极为阿富汗的抵抗力量提供武器和资金,美国也借此巩固了与这些中东国家的关系。

1982年的第五次中东战争,以色列不仅扫荡了"巴解"(巴勒斯坦解放组织)在黎巴嫩境内的基地,更是沉重打击了苏联在中东地区仅剩的主要桩脚叙利亚。贝卡谷地空战的结果让苏制武器彻底名誉扫地。以色列的美制F-15、F-16战机以极其微小的代价击落80多架叙利亚飞机,并拔除了叙利亚在贝卡谷地地区部署的19个萨姆防空导弹连,其空战的结果是惊人的82:0(即在空战中以军击落叙利亚飞机82架,而自身无一损失)!

第五次中东战争之后,苏联苦心经营多年的中东战略彻底破产;美国则牢牢控制住了中东油田,从沙特阿拉伯、科威特等国获得了稳定的原油供应。控制了中东产油国之后,美国在20世纪80年代的国际原油市场上大肆打压油价,使苏联通过原油出口获得的硬通货收入大为减少,从而加剧了苏联的经济困难,使之最终走向了解体。

3.期货市场的操纵之手

第二次世界大战以后,美国逐渐由最大的石油出口国变成了最大的石油进口国,美国的石油产量占世界总产量的比重急剧下降。但美国及其西方盟友的大石油公司仍然控制了世界石油贸易以及炼油业。第三世界国家许多油田的开采,也严重依赖以美国为首的西方大石油公司提供

第八章
新形式的石油金融战

的技术,美国仍然在世界石油工业中有着一言九鼎的发言权。然而,苏联的竞争使得美国的地位受到了严重威胁,OPEC组织的成立也大大加强了第三世界产油国在国际原油市场上的发言权。特别是第四次中东战争中,中东产油国以石油为武器,大幅提高原油价格,并宣布对美国禁运石油,以报复美国对以色列的支持,从而引发了第一次中东石油危机。这使美国备感威胁。据最新的解密资料称,美军甚至制订了占领中东油田的作战计划,只是因后来形势缓和而作罢。形势的发展变化,使得美国亟须新的手段来确保自己对世界原油市场的影响力。当然,美国也很快找到了答案:金融期货市场。

20世纪60年代末到70年代,是金融衍生品大发展的时代。布雷顿森林体系崩溃前后的汇率波动促进了外汇期货市场的发展。石油危机之后,油价剧烈波动,美国把目光投向了期货市场。70年代末,美国纽约商品交易所率先设立了取暖油期货,其后,原油期货市场趁着金融衍生品发展的大潮迅速发展,交易的品种日益丰富,吸引的资金也越来越多。

由于世界范围内的巨额资金注入,交易量不断攀升,纽约的原油期货市场在事实上获得了对国际原油价格的决定性发言权。从此,这里也成为美英金融大鳄表演的舞台,他们所施加的影响通过这个市场迅速传遍全世界的各个角落:从纽约曼哈顿的长岛,到印度尼西亚苏拉威西岛上的偏远村落;从沙特阿拉伯的布盖格油田,到上海车流如织的繁华街道。

金融大鳄们在国际原油期货市场上兴风作浪,翻云覆雨,追逐着资本的利润。然而,只有最幼稚的书呆子才会相信金融大鳄们在原油期货市场上一掷万金仅仅是为了赚钱,利润远非他们目标的全部。这些金融大鳄,其实也代表着他们国家的意志,实际上是在金融市场上执行其国家战略的马前卒。国际原油期货市场上演的激烈角逐实际上是一场场没有硝烟也没有流血的战争,其炽烈精彩程度丝毫不亚于人类用飞机大炮进行的任何现代战争。这里有最为深谋远虑的战略、最为精明诡诈的阴谋,这里汇聚的金钱和智慧不是其他任何一个地方所能比拟的。原油期货市场,可以说是世界经济最为重要的战略制高点,发生如此激烈的争夺,也可以说是在情理之中。

20世纪80年代,美英金融集团利用对原油期货市场的操纵,成功地帮助西方达到了一系列重要的战略目标,其中最重要的莫过于成功打压了油价,既大大削弱了OPEC组织在世界原油市场上的影响力,更将高度依赖原油出口的苏联经济逼入了绝境。这使得西方自第一次石油危机后所面临的窘迫战略形势得到了彻底的改善。

4.击垮苏联经济的石油

第二次世界大战结束以后,苏联的石油工业迅猛发展,在西伯利亚地区陆续发现和开采了一系列大油田,高加索地区的传统油田也产量大增,其石油年产量由战后初期的大约7000万吨一路上升,到20世纪80年代初期,苏联的石油产量已经超过6亿吨。通过石油出口,苏联赚取了大量的硬通货,石油工业成为其重要的经济支柱。同一时期,中东和南美也有大量的油田被发现和开采。此外,战后世界经济的高速发展也刺激了石油的需求,世界石油产量不断攀升,呈现出供应充裕、需求旺盛的局面。由于当时储量丰富,原油开采成本极低,原油的价格也一直保持在非常低的水平。但到了1973年,形势骤然改变。

第四次中东战争最重要的副产品莫过于石油危机。在1967年的"六

第八章
新形式的石油金融战

日战争"中遭受到耻辱的失败之后,阿拉伯国家卧薪尝胆,花费巨资从苏联买进大批先进军备,大幅提升军队训练水平,以图一雪前耻。但是,即便经过了6年的精心准备,也通过先发制人的突袭占据了先机,但阿拉伯国家最终还是惨败。以色列军队之所以能够力挽狂澜,美国的大力支持功不可没。所以,战争一结束,阿拉伯国家就把气都撒到了以美国为首的西方世界头上。阿拉伯世界手上的王牌就是他们手中控制的石油资源。

1973年12月,石油输出国组织(OPEC)中的阿拉伯国家宣布收回石油标价权,并将其积陈原油价格从每桶3.011美元提高到10.651美元,使得油价猛然上涨了两倍多。能源价格的飙涨触发了第二次世界大战之后最严重的全球经济危机,世界经济受到了严重冲击。在这场危机中,美国的工业生产下降了14%,日本的工业生产下降了20%以上,所有工业化国家的经济增长都明显放慢。但后来的结果表明,这一场石油危机对于阿拉伯和西方国家来说是两败俱伤,只有一个国家在这场危机中大大得益,那就是苏联。当时的苏联受到西方国家严密的封锁,其工农业产品在国际市场上均不具竞争力,因此,它高度依赖石油出口获取维持其庞大军事机器运作的硬通货(具有讽刺意味的是,苏联高度依赖美元这样的"硬通货")。石油价格暴涨使得陷入停滞的苏联经济起死回生,重新焕发出了生机(这是苏联体制的特点,这种体制有着极强的通过对未来的透支来放大当前的经济效益的能力),同时也增强了苏联对卫星国家的影响力。由于此时美国面临着严重的经济衰退,这就更凸显出苏联势力的增强。所以,20世纪70年代中期,苏联在全球范围内展开了咄咄逼人的攻势,形成了所谓"苏攻美守"的局面。这一局面引起了西方战略家们的深刻反思,同时他们也意识到,通过操纵国际原油市场,同样可以沉重打击苏联的经济。从此之后,西方的政治势力开始深刻渗入世界原油市场,而为其充当马前卒的,正是以美国金融巨头为首的西方金融机构。

金 融 硝 烟
Financial smoke

　　1979年发生了两个重大事件：一是伊朗发生了伊斯兰革命，亲美的巴列维政权被推翻；二是苏联入侵阿富汗。石油价格在这一系列事件的推动下再次迅速上涨。而在美国引发的却是深刻的政治生态变化，一直奉行和解政策的卡特总统被认为过度软弱，尽管他极力弥补，但还是在1980年的总统大选中被代表保守主义兴起的共和党人里根所击败。1981年，石油价格达到了创纪录的35美元，苏联势力看起来也如日中天，但令人玩味的是，里根总统上任后获得的中情局绝密情报简报里明确说明苏联经济已经疲态尽露。

　　多年的高油价使得尝到甜头的苏联大力扩充石油生产和运输能力，在石油设施建设上花费了巨资。当石油价格冲上历史新高时，苏联却面临着石油设施严重老化的问题。由于得意忘形而扩张过度，大把的"硬通货"被浪费在军事开支和对外援助上，此时的苏联已经拿不出用于更新其石油设施的资金，因此，它开始积极寻求国际金融市场的融资支持，尤其渴望在西方以石油天然气实物作为担保发行债券。此外，苏联还希望从西方进口石油天然气设备和工程技术。但里根不会让已经被诱入陷阱的"北极熊"逃脱，他要求动用一切可能的手段阻止苏联从国际金融市场上获得融资，并且阻止西方国家向苏联的石油天然气工业提供设备和技术支持。在美国政府的幕后推动下，西方金融机构全力围堵苏联，使苏联在国际金融市场融资的希望化为泡影。里根的目标很明确，那就是把已经严重内伤的"北极熊"送上西天路。他不仅要促成苏联的自行崩溃，而且这种崩溃必须是内向的爆炸，也就是说，必须是苏联内部来承受其崩溃的后果，而非外部。

　　除了在国际金融市场上彻底封锁苏联之外，里根政府还系统地制订了打压高油价的计划，其中，大幅提高美元利率的杀伤力最为巨大。在美国政府的背后推动下，西方金融机构在国际市场上大肆做空油价，特别是通过在新近发展起来的纽约原油期货市场做空，有效地影响了市场价

第八章
新形式的石油金融战

格,同时也成功地塑造了"油价疲软"的市场预期。原油价格在1981年短期冲上高峰以后,几乎在里根的整个任期内都萎靡不振。OPEC这个卡特尔组织在"油价继续低迷"的市场预期下,也搞得内讧不断,连其设定的18美元最低价格都在1986年被无情突破。当然,受低油价伤害最深的还是苏联。庞大臃肿的苏联对石油出口收入的依赖超出了当时绝大多数人的想象,关键的石油收入大幅减少之后,苏联陷入了严重的资金短缺和技术停滞,经济陷入了泥潭,最终走上了穷途末路。低油价对苏联石油出口收入的破坏,无疑是对苏联经济最为致命的一击。美国对苏联发动的石油金融战,扼杀了苏联的最后一点经济活力,大大加速了冷战的终结,因而被广泛认为是里根政府的"杰作"之一。

转眼时光来到了2008年的夏天,石油价格在达到147美元的历史高价之后稍有回落,但仍然停留在高位。炎炎夏日同样炙烤着世界石油市场,市场弥漫着焦躁不安的情绪。8月8日,举世瞩目的北京奥运会召开,这是一个被中国人看作具有重大历史意义的日子,被认为是中华民族伟大复兴的一个里程碑。然而,恰恰就在这一天,俄罗斯和格鲁吉亚在南奥塞梯发生了大规模军事冲突。虽然战局毫无悬念,格鲁吉亚军队迅速被击败,但国际油价在此之后却接连上演了刺激的大跳水,到11月,跌落到了40美元以下,并数度向下击穿35美元这一关键价位。伴随这一进程的是原本表现靓丽的俄罗斯经济急转直下,卢布大幅贬值,俄罗斯的外汇储备也急剧缩水。

可能俄罗斯人万万没有想到,一个"重振雄风"的俄罗斯原来如此脆弱。国际金融危机也在同一时期爆发,可能部分掩盖了俄罗斯遭受重创的根本原因,因为同时有多个国家陷入类似的困境。但仔细观察我们可以发现,这些国家的"症状"与俄罗斯截然不同,换言之,油价跳水这个利刃轻易削平了俄罗斯的财富之山。太阳底下并无新鲜事,"北极熊"又一次落入了陷阱。

金 融 硝 烟
Financial smoke

2001年中国加入世贸组织以来,国际原油价格就不断上涨,特别是到了2004年以后,油价开始变得疯狂。高涨的油价大大压缩了中国这样的新兴制造业大国的利润空间,抬高了中国制造的成本,中国不得不在低成本、低水平劳力上继续挖掘潜力,而更高素质的人力资源开发却没有获得资金支持,甚至出现了低教育水平劳动力获得工作机会容易、高教育水平劳动力失业严重的"脑体倒挂"现象。在薪资水平方面,两者也迅速接近。在中国一直受到诟病的"收入公平"问题,在这里似乎得到了大大的"改善"。我们应该看到,这种局面损害了中国长远发展的潜力。但在美国那一边,形势正在悄悄改变。高油价让控制世界石油市场的西方大石油公司赚得盆满钵满,靠着高油价,美国也实际上从全世界的制造业中搜刮到了相当部分的收益。但是高油价对美国的伤害正在体现出来。中东产油国也从高油价中获利不菲,而且中东民间的石油资金大量流入正力图击败美国的恐怖主义力量手中,或者至少是被大量用于中东周边地区,特别是北非、东非及巴尔干地区扩大伊斯兰教的影响力,这两者都为美国所深忌。俄罗斯也从高油价中大大获利,其经济迅速起飞,由此变得越来越桀骜不驯。相对中国而言,俄罗斯有着更高水平的军事工业,而且更具有攻击性,所以就近期而言,恐怕没有任何一件事情比俄罗斯重新崛起更让美国寝食难安。美国国内也早有舆论称,美国正在用石油美元资助自己的敌人,南奥塞梯冲突可以说为这一观点提供了充分的论据。美国的策略已转向,当然,不必美国政府亲自出面,华尔街再次充当了马前卒。金融大鳄们可以把油价炒上天来压缩中国这样的新兴制造业大国的利润空间,自然也可以把油价打入地来教训开始不驯服的俄罗斯,顺带敲打中东产油国和南美的委内瑞拉这个刺头。陷阱早已布下,上半年的疯狂拉高不过是为做空积蓄动能,于是,我们看到了原油价格上演的非常戏剧性的一幕。

不幸的是,众多中国企业也搅了这趟浑水,在这场他人的战争中受伤惨重。由于原油价格高歌猛进,一举突破了100美元大关,随着价格节节走高,原油空头看起来已经溃不成军,市场上到处传言原油价格将升破200美元,甚至300美元!于是,国内企业纷纷摩拳擦掌,跃跃欲试,不管有无套保需求,都准备在原油期货市场上捞上一桶金,声名大噪的深南电就是在这种背景下与高盛签署了巨额对赌合约。

深南电与高盛的对赌合约实际上是与高盛的全资子公司杰润(新加坡)签订的期权合约,合约确认书主要分为两个时间段:其中一份确认书的有效期为2008年3月3日至12月31日,双方规定,当浮动价高于63.5美元/桶时,深南电每月可获30万美元的收益;当浮动价低于63.5美元/桶且高于62美元/桶时,深南电每月可得(浮动价-62美元/桶)20万桶的收益;而当浮动价低于62美元/桶时,深南电每月则需向杰润公司支付与(62美元/桶-浮动价)40万桶等额的美元。尽管风险敞口很大,但在当时原油价格涨势汹汹,并已成功突破100美元的情况下看来,对赌合约的条件还是相当"优惠"的,因为原油价格在年内掉头向下并突破62美元的概率"极小极小"。至于第二份确认书,深南电方面语焉不详,但毫无疑问的是,这份确认书涉及的条件远不如前一个"优惠"——约定的时期更长,约定价格更高,这一份据传在危机中被取消执行。

合约签订以后,正如大多数刚走进赌场的人一样,深南电享受到了一段时间的"甜头"。但它万万没有想到,风云突变,国际原油价格一头扎向40美元,并数度跌破35美元大关。于是,中国企业陆续爆出原油期货"套保"巨亏的丑闻,其中就包括深南电。面对油价的惊人大跳水,深南电恐怕是目瞪口呆,"几乎不可能事件"竟然转眼间就发生了。高盛给的钱在手里还没有捂热,就全都还回去了。而且,根据合约,它还要掏大笔钱给高盛,这使得深南电几乎陷入破产的境地。需要说明的是,深南电还不是这场游戏里赔得最多的中国企业。因为原油套保导致巨亏,中国的几大航空公司资产状况急剧恶化,使得政府不得不对他们进行注资。

现在,经济危机席卷全球,油价大风暴似乎已经过去。当然,实际上过去与否不得而知,但可以相信的是,阴谋还没有过去,这个大局还没有做完,至于下一个目标是谁呢?我们有理由担心。

5.中国的石油困局

历史上,中国曾经是一个贫油国家。20世纪50年代以后,在特殊的历史背景下,中国动员了大量人力、物力进行石油勘探,最终获得了巨大成果。大庆、胜利等一系列油田的发现,让中国摘掉了贫油国家的帽子。特别是从20世纪60年代开始,中国的石油生产进入高速增长期,1978年,中国的原油产量超过了1亿吨。石油成为经济困难年代里除粮食之外唯一可以大量换取外汇的资源,备受国家重视。改革开放以后,特别是进入20世纪90年代以后,随着中国经济的迅速发展,石油需求急剧上升,虽然国内石油开采量也有了一定的增长,但还是不能满足经济增长的需要。1996年,中国成为原油净进口国;2005年,中国跃居世界第二大原油净进口国,仅次于美国;到了2008年,中国的原油进口量达到将近1.8亿吨,原油对外依存度接近50%。而且,由于需求增长迅猛和国内原油产量增长乏力,中国对海外原油供应的依赖程度还将日趋严重。特别值得一提的是,中国有超过50%的进口原油来自中东地区。

2008年,中国的原油生产量达到了1.89亿吨,位居世界第五位。但是大庆等主要传统油田经过连年高产之后,其后续生产能力已经非常有限。以大庆为例,在连续27年稳产5000万吨之后,尽管采取了各种技术手段,其产量迅速下滑已经基本确定。

虽然截至2008年,中国石油的探明储量依然达到21.92亿吨,位居世界第十三位,但是分布分散,储油品位不高,而且,未来再发现大庆这样的高品位油田的可能性非常低。总而言之,未来中国国内石油生产的前景不容乐观。

在海洋油气资源开发方面,尽管中国拥有面积达430余万平方公里的海洋专属经济区,并有多处发现了丰富的油气资源,但是在这些油气储藏所在地区的勘探和开采大多都受到政治外交因素的制约。至于油气储量最为丰富的南海地区,目前的形势又高度敏感化和复杂化。

在海外油气资源开拓方面,虽然中国的3家主要石油公司——中石油、中石化和中海油全力参与海外油田的勘探、开采以及并购,但所取得的成绩寥寥。西方大石油公司早已占据有利地位,它们几乎垄断了高品位油田的开采,留给后来的中国石油企业的,只有价高质次的"残羹冷炙"。即便是在苏丹这样的国家获得了一些油田的开采权,也由于政治上的原因受到了诸多西方国家的指责和干涉,面临诸多掣肘。

6.原油定价权的旁落

过去几年里,在需求上升、美元贬值等因素的推动下,我们经历了原油的空前大牛市。尽管国际金融危机爆发以后,原油价格出现了暴跌,但从长期来看,世界原油消费量有增无减,而新探明的原油储量十分有限(以目前的开采速度计算, 全球原油的剩余储量仅仅只够再开采42年),

高油价几乎已成为未来必然的趋势。在过去这一轮原油价格暴涨中,人们谈论得最多的是"中国因素"。中国急剧增长的原油需求无疑是最近几年油价飙升的主要推动因素之一。BP能源报告指出,中国的原油消费增长占到了世界原油消费增长的75%左右,而中国在世界原油消费中所占的比重也超过10%。中国已是毋庸置疑的原油生产和消费大国,但在资源储备和原油定价权方面,中国仍然只是个"小国"。

金融市场发展的滞后使得中国在原油定价权争夺方面更加软弱无力。虽然早在1993年初,我国的原上海石油交易所就成功推出了石油期货交易,其后又有原华南商品交易所等跟进,总成交量一度达到5000万吨以上,但由于市场体系不完善以及石油流通体制事实上的双轨制等原因,这些原油期货交易市场都昙花一现。直到今天,中国的原油期货依然迟迟难以推出,其主要的制约因素依然是当年导致原油期货市场被取消的体制性因素。

从实践和运行历史看,成熟规范的市场经济体系是石油期货市场得以存在和发展的必要前提,具体包括:市场竞争和开放程度较高,供求信息充分,现货市场发达;经济体系比较开放,不存在严格的价格和进出口管制;期货交易所所在地区的金融市场开放,期货标价货币在资本项目下可自由兑换;期货市场所在国家或地区法律法规健全,对期货市场的监管切实有效。中国距离上述标准还有一定的距离。

我们知道美国的原油产量和储藏量均与中国相近,但这两个世界上最大的原油消费国对原油价格的影响力却是不可同日而语的。原因无他,就在于金融市场的发展程度。即便是同为发展中国家的印度,目前也已建立起一个以印度卢比为计价单位的原油期货市场。当然,由于印度也存在着外汇管制,在短期内其原油期货基本不可能对国际油价产生实质性影响力。但对于这个原油供应70%依赖进口,而且原油消费急剧增加的国家来说,原油期货市场的设立不仅有利于印度企业在交易中套期保

第八章
新形式的石油金融战

值,规避油价急剧波动可能带来的风险,而且有助于更迅速地反映原油供求的价格,减小油价波动对整个经济体系的负面影响。更重要的是,这个市场的设立有利于未来在市场的发展过程中争取对油品交易的国际定价权。毫无疑问,美国和印度在这方面的成功经验都非常值得中国去学习和借鉴。

过去几年里,在所谓"中国需求"的刺激之下,国际上形形色色的石油对冲基金大肆做多油价,"热捧"中国。我们知道,在目前的石油期货交易中,真正发生实际交割的一般在5%以内,也就是说,90%以上的交易不过是纯粹的投机炒作而已。但在石油价格持续暴涨之下,中国却只能被动地接受这个"炒作"的市场给出的价格,无端被"敲诈",付出了非常高昂的经济代价。中航油、深南电等中国企业按照别人制定的规则参与石油金融衍生品套期保值,结果屡遭算计,损失惨重。在石油供应方面面临的困境,使得中国在未来依然可能被国外的投机资金所"挟持"。我们应该清醒地认识到:此刻,海外的金融大鳄依然在虎视眈眈。美元在中长期内持续贬值的趋势已经确立,这会对国际原油价格的走向产生决定性的影响。中国的类似于盯着美元的汇率制度,会使中国在油价风险面前显得更为脆弱。

加快金融体制改革,积极建设中国自己的原油期货市场,并千方百计地扩大"中国价格"的国际影响力,是中国目前亟须解决的问题。中国必须从一个被动的"跟随者"变成主动的"参与者",甚至是"领导者"。否则,中国的石油消费市场的增长非但不能增强中国在国际原油市场上的发言权,反而会使中国成为一只更肥的待宰羔羊。

国际金融危机爆发后,原油价格大跌,虽然近期原油价格有所回升,但与2008年中之前的价格水平相比,依然相去甚远。而近年来中国的油价经过屡次调整,涨得多,降得少,目前,国内每升93号汽油的价格已经超出美国平均价格一元多人民币。中国的高油价引发了很多来自民间的批评和抱怨,发改委对此回应称:从各个方面考虑,中国都不可能实行美国那样的"低油价";石油部门则声称,按去除税收因素后的"裸油价"计算,中国的油价实际上低于美国。很显然,他们不想背"高油价"这个"黑锅"。国内成品油的名义价格,曾经长期低于美国(实际油价并非如此),现在连名义价格都超过了美国,引发民众的抱怨是情理之中的事情。但是综合各方面因素来看,中国的老百姓恐怕还是需要习惯高油价,因为维持管制下的高油价是在长期内的必然趋势。

严峻的供应形势,中国国内高昂的生产运营成本,是导致中国高油价的重要原因,但并非最主要的原因。曾经有相当长一段时间,石油出口是中国最重要的获取外汇的手段之一,石油产品也是最重要的财政收入来源之一。现在,石油出口早已不再是中国出口换汇的主要手段,在财政收入上,石油行业也已经被近年火爆的地产业抢去了风头,但是石油产品税费收入的财政收入支柱地位并没有动摇。地产业有兴盛就会有萧条,而无论经济形势好与坏,石油行业都能提供稳定的财政收入。随着中国工业化进程的推进及石油消费在整体能源消费结构中所占比重的继续提高,未来石油产品税费收入的重要性还会进一步凸显。传统上,中国的税收一直是以"暗税"为主。如果我们在西方国家的超市里买东西,开出的发票和单据一般都让我们清清楚楚知道货款多少、税费多少,而在中国的超市里购物则不会有,我们并不清楚自己为此缴纳了多少税费,这里头很多就是"暗税"。近年来,中国财政金融体制改革的一个重要方向就是"暗税"改"明税",比如个人所得税、燃油税,以及拟议中准备征收的物业税。推行"明税"会造成什么样的后果?我们可以从燃油税中看出来。中国的名义油价也超过了美国,就是在燃油税这样的"明税"开征之后。"暗税"是很难消减的,因为"暗税"是一种"习惯性"的财政收入,是税收的"底线",早已固定下来,而且,它已经在不知不觉中被人们当成了消费品成本的一部分。政府消减"暗税",人们只会视为是产品成本的降低,而很难意识到是税收的减免。对于政府而言,这显然是吃力不讨好。推行

第八章
新形式的石油金融战

"明税"的改革,往往意味着"暗税"已经无法获取更多的财政收入,所以"明税"总是倾向于提高实际税率。燃油税这样的"明税"推行之后,事实上已经决定了中国的低油价时代一去不复返。

高油价可能有利于缓解中国石油供应的紧张局面,也能为政府提供稳定且可观的财政收入,然而,它必然会提高"中国制造"的成本,使得中国日益衰微的产品成本优势进一步被侵蚀,从而损害长远的经济竞争力。产业升级转型并非一日之功,产品成本的提高却随时足以致命。高油价是中国无法回避的一个局面,但这个"高"要高到何种程度,需要政府非常审慎地权衡。